Low Fat 30

Party-Küche

Gabi Schierz · Gabi Vallenthin

Low Fat 30

Party-Küche

Falken

Inhalt

Was genau ist LOW FETT 30?

Kurz und bündig

LOW FETT 30 ist ein erfolgreiches Programm, das die beiden Faktoren, die unser Körpergewicht bestimmen, also die Energiezufuhr und den Energieverbrauch, verändern hilft. Wir drosseln die Energiezufuhr auf der Seite der Fette in einen bekömmlichen Bereich und steigern gleichzeitig den Energieverbrauch durch regelmäßigen Ausdauersport, der auch für total untrainierte, sogar stark übergewichtige Einsteiger leicht zu bewältigen ist.

Zur Energiezufuhr

Die Fettformel

Wer maximal 30% seiner Kalorien aus Fett zu sich nimmt, lebt gesund und beugt ernährungsbedingten Krankheiten vor. Das ist eine Empfehlung der Deutschen Gesellschaft für Ernährung. Und: Übergewichtige nehmen ab, wenn sie diese Empfehlung bei ihrer Ernährung beherzigen und umsetzen.

Die zugeführte Energie, also Ihre Nahrung, soll zu maximal 30% aus Fettkalorien bestehen.

Das rechnet man so:

$$\frac{\text{g Fett x 9 kcal x 100}}{\text{Gesamtkalorien}} = \text{\% kcal aus Fett}$$

Auf vielen Fertiggerichten und Zutaten finden Sie mittlerweile eine Nährwertangabe. Daraus entnehmen Sie die Gramm Fett pro 100 g/pro Portion und die Gesamtkalorien pro 100 g bzw. pro Portion und setzen diese in obige Formel ein. Jetzt noch einen Taschenrechner zur Hand nehmen und schon wissen Sie, ob das jeweilige Gericht zum Abnehmen und gesünder Leben geeignet ist.

Hunger und Sättigung

Vergessen Sie die Kalorien! Sie müssen keine Kalorien zählen. Lernen Sie stattdessen, auf Ihr Hungergefühl zu achten und Ihr Gefühl für satt. Wenn Sie stark übergewichtig sind, kennen Sie sicher nur „Appetit" und „Voll". Das ist bei nahezu allen Leuten so, die mit ihrem Gewicht zu kämpfen haben. Man kann aber wieder lernen, Hunger und Sättigung zu fühlen. Der erste Schritt dazu ist, dass Sie erst essen wenn Sie Hunger haben und nicht weil Ihre Kollegen zum Essen gehen oder Ihre Kinder jetzt etwas essen möchten. Und wenn Sie Hunger haben, essen Sie. Essen Sie dann LOW FETT 30-Produkte und Gerichte. Essen Sie so viel bis Sie satt sind. Und wenn Sie wieder Hunger bekommen, essen Sie wieder, das kann auch mal mitten in der Nacht sein, und hören Sie auf, wenn Sie satt werden.

Der Einstieg in das LOW FETT 30-Programm

Sie sollten gerade am Anfang nur Gerichte essen, die LOW FETT 30 sind. Und nur Dinge in den Mund schieben, die nicht mehr als 30% der Kalorien aus Fett haben. Das können durchaus auch Süßigkeiten und süße Gerichte sein! Süß ist nur dann nichts für Ihre Figur, wenn es mit zu viel Fett einher geht.

Sie müssen die einzelnen Gerichte pro Tag nicht addieren. Es spielt letztlich keine Rolle, wieviele Mahlzeiten Sie zu sich nehmen, solange Sie nur essen, wenn Sie Hunger haben und alle Mahlzeiten LOW FETT 30 sind.

Und es ist genau so einfach, wie es hier beschrieben ist:

- KEINE Diätpläne
- KEINE Kalorien zählen
- KEINE Mini-Portionen
- KEINE schlechte Laune
- und KEINE Mehrkosten.

Denn: Es gibt genügend ganz normale Gerichte im Supermarkt, als Tiefkühlkost oder Fast Food, die von sich aus und ohne Veränderung der Rezepturen LOW FETT 30 sind.

Das Ziel des LOW FETT e.V. ist, dass Lebensmittelhersteller, Hotels usw. ihre LOW FETT 30-Gerichte kennzeichnen. Einheitlich mit unserem Label, damit Sie wie bei einer Ampel auf Grünphase einkaufen und essen können. Wenn Sie uns dabei unterstützen wollen, fragen Sie die Unternehmen, die für Sie wichtig sind (Ihr Lieblingsrestaurant, Ihr Fitnessstudio, usw.) ob Sie nicht bei LOW FETT 30 mitmachen wollen, und geben Sie unsere Adresse weiter. Danke.

LOW FETT e.V.
c/o Ritter Marketing Services
Sophienstr. 19
D-41065 Mönchengladbach
Telefax: 0 21 61/48 18 78
Internet: http://www.lowfett.de

Zum Energieverbrauch

Der JoJo-Effekt

Unsere bundesdeutsche Durchschnittsernährung hat mehr als 50% der Kalorien aus Fett, und deswegen kämpfen wir mit Speckröllchen und unserem Hosenbund. Aus diesem Grund müssen wir auch so viele Diäten machen, jedes Frühjahr eine neue und im Sommer für die Traumfigur noch eine extra. Diese Diäten kosten nicht nur Geld und Nerven, sondern sie führen in der Regel auch dazu, dass wir durch den JoJo-Effekt langfristig sogar mehr wiegen als vorher. Wir nehmen immer ab und nehmen dann auch genauso planmäßig wieder zu. Das hat zwei Ursachen. Einerseits verändert eine kurzfristige Diät, mit Ernährungsplan und Kalorienzählen, noch nicht unser jahrelang gewohntes Essverhalten. Zum anderen lernt unser Körper bei jeder Diät, die zugeführte Nahrung besser zu verwerten, wird vom 10-l-Motor zum 5-l-Motor und die Folge davon: Wir kommen von Diät zu Diät mit immer weniger Nahrung aus oder werden bei gleichem Kalorienangebot immer dicker.

Die Fettverbrennung ankurbeln

Nehmen wir das Bild vom Motor noch einmal zu Hilfe. Was müssen Sie tun, um richtig viel Benzin durch den Auspuff Ihres Autos zu jagen? Sie müssen fahren, wie die wilde Hilde!

Und wenn Ihr Motor das nicht hergibt, müssen Sie ihn entsprechend tunen lassen. Vom Käfer zum Porsche.

Damit wir viele Kalorien verbrennen, müssen wir unsere Maschinerie ebenfalls tunen: Gas geben, in allen Lebenslagen. Also runter vom Sofa, rein in die Turnschuhe und mal ein bisschen auf die Piste gehen.

Keine Sorge: Sie sollen nicht zum Hochleistungssportler werden, sondern Ausdauersport machen, der dafür sorgt, dass Sie Fett verbrennen.

Ausdauersportarten, die auch für Anfänger geeignet sind, sind:

- Walken, also schnelles Gehen, zur Not auch auf dem Laufband im Studio
- Fahrradfahren und Cardio-Spinning
- Inline-Skates fahren
- Schwimmen
- Skilanglauf

Das optimale Maß finden

Wenn Sie den Sport richtig anfangen, kommen Sie auch nicht so höllisch aus der Puste, wie wir das vom Sportunterricht noch kennen. Richtig angepackt, macht Ausdauersport totalen Spaß.

Richtig heißt: Ihre persönliche Kondition ist der Maßstab für Ihr Training. Sind Sie bislang ein „Couch-Potato“ gewesen, dür-

fen Sie jetzt nicht wie eine Wilde losjoggen, da würde Ihr Körper rebellieren: Mit Muskelkater, Müdigkeit und schlechter Laune.
Wir wollen aber gute Laune, mehr Muskeln und viel Spaß. Also, immer langsam mit den jungen Pferden!
Besorgen Sie sich deshalb in jedem Fall ein Pulsfrequenz-Messgerät. Das sieht aus wie eine ganz normale Uhr für's Handgelenk (man kann auch die Zeit ablesen!), und dazu gibt es einen Gurt, den Sie unterhalb der Brust tragen, damit dort zuverlässig Ihr Puls gemessen werden kann.
Der ideale Pulswert für die Fettverbrennung liegt bei etwa 130 Schlägen pro Minute. Wenn Sie jetzt Ihr Rad packen, zum Walken mit dem Hund aufbrechen oder die Inliner anschnallen, dann machen Sie so viel oder so wenig, dass Sie diesen Wert erreichen, halten und da bleiben. Und das mindestens 30 Minuten, 60 Minuten sind viel besser, 1,5 Stunden ideal und 2 Stunden phantastisch (aber meistens Theorie!).
Sie werden merken, dass Sie mit der Zeit immer mehr tun müssen, um die 130er Frequenz noch zu erreichen, denn Sie bauen mit jedem Training mehr Fitness auf. Dennoch ist die subjektive Anstrengung gleich: Bei einer 130er Pulsfrequenz kann man sich nämlich gerade noch unterhalten, beginnt am ganzen Körper gleichmäßig zu schwitzen, kommt aber fröhlich und nicht völlig fertig vom Sport. Tragen Sie auch im Fitnessstudio einen Pulsmesser. Denn nur mit Pulsmesser können Sie erkennen, ob Sie wirklich Fortschritte machen und nur so können Sie vermeiden, dass Sie sich bei Aerobic- oder Step-Aerobic-Stunden überanstrengen. Bei 180er Puls auf dem Laufband hechelnd zu joggen, wie Sie das in vielen Studios sehen können, ist völliger Schwachsinn!
Ein gutes, zuverlässiges Pulsfrequenz-Messgerät (z. B. von Polar), kostet ab 200 DM. Die Geräte mit der Bezeichnung „OWN ZONE" kosten ab 300 DM und geben Ihnen nach einer kurzen Testphase jeden Tag Ihre individuelle Belastbarkeit und ihren Trainingsbereich an.
Wenn Sie mal darüber nachdenken, wie viel Geld Sie in Diäten, Pülverchen und Pillen, mehrere Konfektionsgrößen, Kuren und Abnehm-Clubs schon investiert haben, sind 300 DM endlich mal richtig angelegt!

LOW FETT 30-Tipps für Gäste

LOW FETT 30 auf Partys, im Restaurant und beim Kaffeekränzchen? Das geht. Ist nicht einmal schwierig. Außer, Sie sind zum Käsefondue eingeladen, naja, das verbuchen Sie dann auf Ihrem „Orgienkonto“, man lebt schließlich nur einmal.

Es ist überhaupt kein Problem, Gäste mit LOW FETT 30-Gerichten zu verwöhnen. Rezepte finden Sie in diesem Buch reichlich.

Verändern der Rezepturen

Obst, Gemüse, Kräuter und alle anderen LOW FETT 30-Zutaten können Sie bedenkenlos über die angegebene Menge hinaus zugeben, wenn Ihnen ein Salat eben mit 300 Gramm Gurken besser schmeckt als mit 100 Gramm, oder Sie in einer Bolognese-Sauce mehr Gemüse finden wollen als Fleisch. Und wenn Sie zu einem Gericht mehr Reis, Nudeln oder Kartoffeln brauchen, um satt zu werden, ist das auch kein Problem.

Nicht erhöhen sollten Sie die Mengen von allen Zutaten, die nicht LOW FETT 30 sind, also fettes Fleisch, fetter Fisch, Nüsse, Kerne, Öle, Fette, Mayonnaise, Käse, Avocados, Oliven oder Wurst. Diese Zutaten bitte nur in der jeweils angegebenen Menge zugeben und genau wiegen.

Wenn Sie eingeladen sind, ist es natürlich schwieriger, manchmal sogar unmöglich, aber selbst dann machen Sie einfach am nächsten Tag wie gewohnt weiter, es wird Sie nicht umbringen, wenn Sie einmal über die Stränge schlagen.

Auswahl am Party-Buffet

Der Beilagen-Trick

Brot wird eigentlich zu jeder Fete angeboten. Auf Buffets sowieso, aber auch zu Suppen, oder vorweg mit einem Dip. Zu Hauptgerichten bekommen Sie ja Nudeln, Reis oder Kartoffeln. Wenn Sie den Anteil dieser Zutaten beim Essen erhöhen, reduziert sich automatisch der Fettanteil. So werden aus fettreichen Gerichten eventuell LOW FETT 30-Gerichte.

Leider gibt es immer noch viele Hausfrauen, die jede Beilage in Butter schwenken: Die Möhren in Butter, der Reis in Butter, die Nudeln in Butter, die Kartoffeln, der Lauch, der Blumenkohl. Und was nicht gebuttert ist, ist mit Käse überbacken. O.K., da funktioniert der Trick mit der Beilage nicht, außer die Gastgeberin ist Ihre beste Freundin, dann können Sie sie ja bitten, ein bisschen Baguette für Sie zu besorgen.

Salat ist übrigens nur dann LOW FETT 30, wenn er ohne Dressing ist oder mit einem fettfreien (oder einem LOW FETT 30-Dressing) zubereitet wurde. Bei ungezwungenen Buffet-Partys bei Freunden gibt es einen tollen Trick: Sprechen Sie mit den Gastgebern und bieten Sie an, einen Salat und ein Dessert mitzubringen. (Dass beides LOW FETT 30-Gerichte sind, ahnen wir und Sie wissen es!) Wenn Sie nicht gerade bei Gourmets eingeladen sind und selbst als Köchin noch nicht glänzen konnten, wird jeder begeistert zustimmen. Gerade bei Salaten wie Kartoffelsalat oder bunter Salat, die etwas mehr Arbeit machen, aber von allen gerne gegessen werden, ist jede Gastgeberin froh, wenn jemand eine große Schüssel davon mitbringt. Oder Sie machen kaltes Roastbeef mit Remouladen-Sauce. Das wird das Erste sein, was ratzekahl gegessen ist. Der Nachteil ist aber, dass es verhältnismäßig teuer ist, wenn es als Mitbringsel die Blumen ersetzen soll. Als Geburtstagsgeschenk kommt es da schon eher in Frage.

Wie immer, wenn es um LOW FETT 30 geht, ist Ihre Kreativität gefragt. Machen Sie einfach was aus den Informationen, erleben Sie, wieviel Spaß Sie haben können, wenn Sie eine schlankere Taille ins Visier nehmen und genießen Sie Ihre nächste Einladung ohne Reue!

Wissenswertes über Alkohol

Alkohol hat zwar kein Fett, blockiert aber den Stoffwechsel in der Leber so lange bis er abgebaut ist. Da pro Stunde nur 0,1 Promille abgebaut werden, können Sie sich ausrechnen, wieviel Stunden Ihre Verdauung lahmgelegt wird, und dabei haben wir jetzt noch nicht über die zusätzlichen (leeren) Kalorien gesprochen, die Alkohol auch noch mitbringt. Darum setzen wir Alkohol sparsam ein. Gegen ein gelegentliches Glas Bier, Gläschen Sekt oder Wein ist nichts einzuwenden, aber auch hier gilt: Den Konsum für die persönlichen kleinen Orgien reservieren.

Essen im Restaurant

Essen Sie im Restaurant, sollten Sie die Speisekarte genau studieren. Es ist traurig, mit wie viel Fett in Restaurants gekocht wird, welche Unmengen Butter, Öl, Schmalz, Schmand und Sahne hier im wahrsten Sinne des Wortes „verbraten" werden.
Grenzen Sie bei der Auswahl und bei der Bestellung das Risiko, eine Fettbombe vorgesetzt zu bekommen, nach Möglichkeit ein.

Hier ein paar Gerichte, mit denen Sie nicht völlig falsch liegen:

- Spaghetti mit Tomatensauce
- Carpaccio vom Rind, aber ohne Öl
- Gekochte Rinderbrust oder Tafelspitz. Entfernen Sie eventuell sichtbares Fett und bestellen Sie Salzkartoffeln dazu.
- Gegrilltes Filetsteak. Weisen Sie darauf hin, dass Sie es ohne Butter haben möchten, sonst ist womöglich bis zum Servieren an Ihrem Tisch ein riesiges Stück Kräuterbutter darauf zerlaufen.
- Salate möglichst selbst von der Theke holen und dabei Fertigsalate meiden. Mischen Sie sich Ihr Dressig selbst und bitten Sie um Essig und Öl, wenn beides nicht sowieso bei den Saucen steht.
- Sie sollten sich grundsätzlich für Folienkartoffeln, Reis oder Nudeln entscheiden. Wenn die Beilagen nicht auf der Speisekarte aufgeführt sind, fragen Sie bitte den Kellner.
- Bei der Forelle blau und auch beim Spargel empfehlen wir Ihnen, die Butter separat zu bestellen. Es kommt leider immer wieder vor, dass diese extrem mageren Delikatessen in einem Buttersee schwimmend serviert werden.
- Fisch sollten Sie generell gedünstet oder gegrillt bestellen. Lassen Sie den Koch wissen, dass er den Fisch nicht nachträglich mit Olivenöl beträufeln soll. Sonst kommt er fein gegrillt aus der Küche und erstickt nachträglich am Olivenöl, das ein wohlmeinender Koch darüber gelöffelt hat.
- In Steakhäusern werden vor dem Essen meist drei verschiedene Sorten Brotaufstrich zu würzigen Brotsorten angeboten: In der Regel eine Mayonnaisesauce mit Knoblauch, Kräuterbutter und eine rote, tomatige Sauce. Entscheiden Sie sich für Letztere.
- Wenn Sie auf einer Karte gar nichts Rechtes finden, können Sie gegrilltes Putensteak oder ein gegrilltes halbes Hühnchen bestellen. Bei diesem aber die Haut liegen lassen.
- Fragen Sie den Kellner nach einem möglichst fettarmen Gericht. Oder bitten Sie ihn, dem Koch zu bestellen, er möchte Ihr Gericht mit weniger Fett zube-

reiten. Beide werden sicherlich dafür Verständnis haben.

■ Und falls Sie in ein Fast-Food-Restaurant gehen wollen: Essen Sie den Burger ohne Käse, damit erreichen Sie mit etwa 32% fast die LOW FETT 30-Voraussetzungen. Das Softeis zum Nachtisch ist übrigens ebenfalls LOW FETT 30, ist das nicht toll?

Einladung zum Kaffeekränzchen

■ Bei Kuchenbuffets ist es besser, sich für einen Obstkuchen mit Hefeteig zu entscheiden, aber nur, wenn auf diesem weder Streusel noch Mandelsplitter zu finden sind.

■ Butterkuchen, Blätterteig, Brandteig und Mürbeteig sollten Sie generell meiden.

■ Wenn Sie sich zwischen einer Käsesahnetorte (Biskuit) und einem Käsekuchen auf Mürbeteig entscheiden müssen, ziehen Sie die Käsesahne vor. Die herkömmlichen Käsekuchenrezepte sehen die Verwendung von Sahnequark und vielen Eiern, manche sogar Frischkäse mit Doppelrahmstufe vor. Und dazu noch der Mürbeteig, das ist eindeutig zu viel Fett!

■ Bei Obstkuchen, die häufig auf einer Mürbeteigplatte (meist noch mit einer Schokoschicht dazwischen) angeboten werden, das Obst essen und den Boden liegen lassen; dafür gönnen Sie sich noch ein zweites Stück! Bei Biskuit mit Pudding und Obst gibt es selten Probleme. Er hat meist weniger als 30% Fettkalorien.

Hinweise zu den Rezepten

Portionsgrößen

Die Rezepturen sind, mit wenigen Ausnahmen, auf 10 Personen ausgelegt. Wenn Sie mehr Gäste haben, können Sie die Zutatenmengen einfach entsprechend der Personenzahl erhöhen.

Zubereitungszeiten

Hier steht die Zeit, die Sie benötigen, um das ganze Gericht zuzubereiten. Sollten dabei längere Zeitspannen auftreten, in denen Sie nichts zu tun haben, so haben wir diese gesondert als Back-, Quell-, Kühlzeit usw. aufgeführt.

Kalorien- und Nährwertangaben

Sie beziehen sich immer auf 1 Portion des Gerichts. Die Prozentangabe steht für Fettkalorienprozent.

Hinweis:

Bitte beachten Sie, dass Nährwertangaben je nach Datengrundlage variieren können. Außerdem unterliegen die Inhaltsstoffe ein und desselben Lebensmittels natürlichen Schwankungen. Unsere Angaben sind deshalb als Durchschnittswerte anzusehen.

Zutatenmengen

Wenn nicht anders angegeben, gehen wir bei Obst und Gemüse von ungeputzter Rohware aus. Bei Stückangaben (z. B. Zucchini, Kiwi, Apfel) beziehen wir uns auf ein Stück mittlerer Größe.

Backofentemperaturen

Sie beziehen sich auf den Elekrtoherd mit Ober- und Unterhitze. Wenn Sie mit Umluft arbeiten, reduzieren Sie die Temperatur um 20%. Die Backzeit bleibt gleich.

Die Abkürzungen

TL	=	Teelöffel (gestrichen)
EL	=	Esslöffel (gestrichen)
Msp.	=	Messerspitze
getr.	=	getrocknet
g	=	Gramm (1000 g = 1 kg)
kg	=	Kilogramm
ml	=	Milliliter (1000 ml = 1 l)
l	=	Liter
kcal	=	Kilokalorien (oder einfach: Kalorien)
i. Tr.	=	in Trockenmasse
ca.	=	circa
°C	=	Grad Celsius
TK	=	Tiefkühl ...
ø	=	Durchmesser

Rezepte

Feste feiern und dabei die gute Figur bewahren. Mit den Rezepten auf den folgenden Seiten ist dies kein Problem. Die nächste Party kann kommen!

Kartoffelsuppe

Für 10 Personen
Zubereitungszeit: ca. 30 Minuten
Kochzeit: ca. 40 Minuten
ca. 380 kcal · 4 g Fett · 10 %

3 kg mehlige Kartoffeln
500 g Frühlingszwiebeln
3 l Fleischbrühe
10 EL gehackter Majoran
1 kg Lachsschinken

1. Die Kartoffeln schälen und in Salzwasser in 20 Minuten weich kochen.
2. Die Frühlingszwiebeln waschen und in kleine Ringe schneiden.
3. Die Fleischbrühe erhitzen und sobald sie kocht, die Frühlingszwiebeln und den Majoran unterrühren.
4. Die Kartoffeln durch die Kartoffelpresse in die Fleischbrühe pressen und gut umrühren.
5. Den Lachsschinken in Würfel schneiden. Unmittelbar vor dem Servieren die Schinkenwürfel unterrühren.

Minestrone

Für 10 Personen
Zubereitungszeit: ca. 45 Minuten
ca. 250 kcal · 2 g Fett · 8 %

4 große Möhren
1 Gemüsezwiebel
2 Stangen Lauch
500 g Brokkoli
300 g Zuckerschoten
300 g Zucchini
1 EL Öl
3 l Gemüsebrühe
2 Thymianzweige
2 Rosmarinzweige
2 Lorbeerblätter
Salz
schwarzer Pfeffer
500 g Suppennudeln, eifrei

1. Die Möhren waschen, schälen und in Streifen von etwa 3 cm Länge schneiden. Die Gemüsezwiebel schälen und würfeln. Den Lauch waschen und in etwa 1 cm lange Stücke schneiden.
2. Den Brokkoli waschen, in Röschen teilen und dicke Stiele in Stücke schneiden. Die Zuckerschoten waschen und je nach Länge halbieren. Die Zucchini waschen, in Würfel schneiden.
3. Das Öl in einem Topf erhitzen und die Zwiebelwürfel darin andünsten. Die Möhrenstreifen zugeben, kurz mitrösten.
4. Die Brühe zugießen. Die Kräuter, Pfeffer und Salz zugeben und aufkochen lassen.
5. Das klein geschnittene Gemüse und die Nudeln zur Suppe geben und etwa 10 Minuten kochen lassen. Noch einmal mit Salz und Pfeffer abschmecken.
(auf dem Foto)

TIPP
Sie können auch Vollkornnudeln verwenden.
Pro Portion vor dem Servieren 1 EL Parmesan darüber streuen, schmeckt lecker und ist immer noch LOW FETT 30 (14 %).

Zwiebelsuppe

Für 10 Personen
Zubereitungszeit: ca. 30 Minuten
Kochzeit: ca. 30 Minuten
ca. 180 kcal · 6 g Fett · 30 %

2 l Fleischbrühe
(siehe Fondue-Rezept Seite 38)
1 1/2 kg Zwiebeln
5 Brötchen
Pfeffer
100 g Parmesan

1. Die Fleischbrühe nach dem Rezept auf Seite 38 zubereiten und zum Kochen bringen.
2. Die Zwiebeln schälen, in Würfel schneiden (fertig geschnittene Zwiebelringe gehen auch), zur Brühe geben und 15 Minuten köcheln lassen.
3. Den Backofen auf 180 °C vorheizen. Die Brötchen in Scheiben schneiden und im Backofen kräftig rösten (den Backofen anschließend nicht ausschalten).
4. Die Suppe auf 10 feuerfeste Tassen aufteilen, jede Suppentasse kurz mit Pfeffer bestreuen, mit gerösteten Brotscheiben zudecken und den Parmesan auf die 10 Tassen verteilen.
5. Im Backofen den Käse schmelzen, bis er Farbe annimmt. Die Suppe sofort servieren.

Ungarische Gulaschsuppe

Für 10 Personen
Zubereitungszeit: ca. 2 Stunden
ca. 260 kcal · 7 g Fett · 25 %

1 kg mageres Rindergulasch
600 g Zwiebeln
40 g Butterschmalz
2 zerdrückte Knoblauchzehen
4 EL Paprika, edelsüß
2 l kochendes Wasser
2 Brühwürfel
1/2 TL Thymian
1/2 TL Kümmel
Salz
Pfeffer
Tabasco
400 ml Rotwein
3 rote Paprikaschoten
500 g Kartoffeln
1 kg stückige Tomaten (Dose)
1 EL Rosenpaprika

1. Das Fleisch waschen, trockentupfen und in etwa 1 1/2 cm große Würfel schneiden. Die Zwiebeln schälen und grob hacken.
2. Einen großen Topf mit Butterschmalz auspinseln und das Fleisch darin portionsweise anbraten. Das restliche Fett bei Bedarf zugeben.
3. Das Fleisch aus dem Topf nehmen, den Bratensatz mit etwas Wasser loskochen und die Zwiebeln darin glasig dünsten. Den Knoblauch und edelsüßen Paprika unterrühren.
4. Die Fleischwürfel wieder zugeben und das Ganze mit 2 l kochendem Wasser auffüllen und verrühren.
5. Die Suppe mit den Brühwürfeln, den restlichen Gewürzen, Tabasco und der Hälfte des Rotweins würzen. Das Gulasch bei kleiner Hitze mindestens 1 Stunde garen.
6. Die Paprikaschoten waschen, in kleine Stücke schneiden, die Kartoffeln schälen und in Würfel schneiden. Beides zusammen mit den Tomatenstücken und Rosenpaprika unterrühren und mindestens weitere 30 Minuten garen.
7. Vor dem Anrichten mit Rotwein abschmecken.

TIPP
Die Suppe bereiten Sie am besten schon am Vortag zu, denn sie schmeckt einmal aufgewärmt noch besser.

Tomatensuppe

Tomatensuppe

Für 10 Personen
Zubereitungszeit: ca. 45 Minuten
ca. 93 kcal · 3 g Fett · 30 % Fett

500 g Zwiebeln
1 1/2 l Gemüsebrühe
2 1/2 kg Tomaten (Dose)
Salz
Pfeffer
Tabasco
2 EL Oregano
200 ml Kaffeesahne (10 % F.)
2 Päckchen TK-Basilikum

1. Die Zwiebeln schälen, fein würfeln, in einen Topf geben, mit einem Teil der Gemüsebrühe bedecken und etwa 5 Minuten dünsten lassen.
2. Die Tomaten dazugeben, mit Salz, Pfeffer, einigen Spritzern Tabasco und Oregano würzen. Das Ganze weitere 15 Minuten köcheln lassen.
3. Das Tomaten-Zwiebelgemüse etwas pürieren. Die restliche Gemüsebrühe dazugeben und noch etwa 5 Minuten köcheln lassen.
4. Die Suppe von der Kochstelle nehmen, mit Kaffeesahne und Basilikum verfeinern und nochmals kräftig abschmecken. Warm halten, doch nicht mehr kochen lassen.

Bouillabaisse

Für 10 Personen
Zubereitungszeit: ca. 1 Stunde
Kochzeit: ca. 1 Stunde
ca. 580 kcal · 16 g Fett · 24 %

500 g Frühlingszwiebeln
500 g Sellerie
1 kg Tomaten
2 EL Öl
500 g Krustentiere mit der Schale und reine Schalen
5 Knoblauchzehen
2 l Fischsuppe (Glas)
2 g Safran
3 kg filetierte Fische (z. B. Brasse, Rouget, keinen Lachs nehmen!)

1. Die Frühlingszwiebeln waschen und in feine Ringe schneiden. Den Sellerie schälen, waschen, und fein schneiden, die Tomaten enthäuten, ebenfalls würfeln und alles zur Seite stellen.
2. Das Öl in einem Eisenbräter erhitzen, die Schalentiere und die losen Schalen kräftig darin anbraten, bis sie sich rot gefärbt haben. Die Schalen herausnehmen, die „vollen" Krustentiere können drinbleiben.
3. Mit 1 l der Fischsuppe (nicht zu verwechseln mit Fischfonds!!!) ablöschen. Den Knoblauch schälen, zerdrücken und mit den Gemüsestückchen zugeben, rund 20 Minuten köcheln lassen.
4. Mit der restlichen Fischsuppe auffüllen und so lange erhitzen, bis die Suppe wieder köchelt. Dann den Safran zugeben.
5. Anschließend die Fischfilets der Größe nach hineingeben, die großen 10 Minuten, mittlere 8 und kleine 5 Minuten ziehen lassen, eventuell nachsalzen.
(auf dem Foto)

Pilzeintopf

Für 10 Personen
Zubereitungszeit: ca. 90 Minuten
ca. 280 kcal · 6 g Fett · 20 %

6 Hasenrückenfilets
6 Scheiben Frühstücksbacon
2 l Wildfond (Glas)
400 ml trockener Rotwein
400 g Hörnchennudeln, eifrei
Salz
300 g Steinpilze
300 g Pfifferlinge
300 g Butterpilze
schwarzer Pfeffer
1 Bund Petersilie

1. Die Hasenrückenfilets waschen, trocken tupfen, mit den Baconscheiben einwickeln und mit Küchengarn festbinden.
2. Den Wildfond mit dem Rotwein zusammen erhitzen. Das Fleisch etwa 15 Minuten darin bei milder Hitze ziehen lassen, herausnehmen und warm stellen.
3. Die Nudeln in reichlich Salzwasser etwa 10 Minuten gar kochen, abschütten und abtropfen lassen.
4. Die Pilze putzen, kurz waschen, abtropfen lassen und in mundgerechte Stücke schneiden.
5. Die Brühe wieder zum Kochen bringen, die Pilzstücke hinzufügen und etwa 10 Minuten leicht kochen lassen. Die Nudeln hinzufügen und mit Salz und Pfeffer abschmecken.
6. Die Petersilie grob hacken und in die Suppe geben. Die Baconscheiben und das Garn von den Hasenfilets entfernen. Das Fleisch in mundgerechte Stücke schneiden und zur Suppe geben.

Litauische Gurkensuppe

Für 10 Personen
Zubereitungszeit: ca. 1 Stunde
Ziehzeit: ca. 2 Stunden
ca. 160 kcal · 5 g Fett · 29 %

1 Salatgurke
Salz
500 g Kalbsfilet
4 Eier
¼ l Gurkenaufguss
2 EL gehackter Spinat
2 EL gehackter Dill
2 EL gehackter Schnittlauch
1 l entrahmte Dickmilch (1,5 % F.)
500 g Joghurt (1,5 % F.)
200 g Garnelen (Dose)

1. Die Salatgurke waschen, schälen, in dünne Scheiben schneiden, salzen und etwa 2 Stunden ziehen lassen.
2. Das Kalbsfilet waschen, trockentupfen, braten und erkalten lassen. Die Eier hart kochen.
3. Den Gurkenaufguss aufkochen und abkühlen lassen, mit dem Spinat und den Kräutern vermischen. Die Dickmilch und den Joghurt gut verrühren.
4. Das Kalbsfilet in Würfel schneiden, die Eier grob hacken und die Gurkenscheiben ausdrücken. Die Garnelen abgießen, kalt abspülen und alles zusammen in die Dickmilchmischung geben.
5. Den Gurkenaufguss einrühren, nochmals abschmecken, evtl. nachwürzen und die Suppe einige Stunden kalt stellen.

TIPP
Vor dem Servieren einige Eisstückchen in die Suppentassen geben.

Kürbissuppe mit Muscheln

Für 10 Personen
Zubereitungszeit: ca. 1 Stunde
ca. 120 kcal · 4 g Fett · 30%

2 große Möhren
2 Stangensellerie
4 Zwiebeln
2 gelbe Chilischoten
2 ½ l Hühnerbrühe
1 Ingwerwurzel
2 TL Kreuzkümmelsamen
1 TL gemahlener Kardamom
2 Lorbeerblätter
2 Thymianzweige
Salz
Pfeffer
500 g Kartoffeln
1 Kürbis (Ø ca. 30 cm)
20 TK-Miesmuscheln
200 ml Kaffeesahne (10 % F.)

1. Die Möhren und den Stangensellerie in kleine Stücke schneiden, die Zwiebeln schälen und würfeln. Die Chilischoten waschen, entkernen und fein schneiden.
2. Alles in ¼ l der Brühe andünsten. Die Ingwerwurzel schälen, fein reiben und zusammen mit den Gewürzen und Kräutern zugeben.
3. Die Kartoffeln schälen, in Würfel schneiden und dazugeben.
4. Den Kürbis durchschneiden, entkernen und das Fruchtfleisch mit einem Löffel aus der Schale herauskratzen, in kleine Stücke schneiden und zur Suppe geben.
5. Mit soviel Brühe auffüllen, bis das Gemüse bedeckt ist. Bei kleiner Hitze etwa 15 Minuten garen. Inzwischen die Muscheln in einem großen Topf gemäß Packungsanleitung garen.
6. Die Suppe pürieren, mit der restlichen Brühe aufgießen, mit Salz und Pfeffer abschmecken, mit Kaffeesahne verfeinern und heiß halten. Die Muscheln abgießen und zur Suppe geben.
(auf dem Foto)

TIPP
Servieren Sie die Suppe in einem ausgehöhlten Kürbis. Dazu passt besonders gut Sesambrot.

Ukrainischer Borschtsch

Für 10 Personen
Zubereitungszeit: ca. 90 Minuten
ca. 160 kcal · 5 g Fett · 29 %

500 g Rindfleisch (Brust)
2 1/2 l Wasser
6 Nelken
8 Pfefferkörner
4 Pimentkörner
1 Lorbeerblatt
Salz
500 g Weißkohl
600 g Kartoffeln
1 große Zwiebel
2 große Möhren
2 zerdrückte Knoblauchzehen
2 EL Butterschmalz
350 g Rote Bete (Glas)
1 EL Mehl
80 g Tomatenmark
1 EL Zucker
2 EL Paprika
weißer Pfeffer
1 Bund Petersilie
100 g saure Sahne (10 % F.)

1. Das Fleisch waschen, in den 2 1/2 l Wasser mit den Gewürzen und 1 Teelöffel Salz kalt aufsetzen und etwa 45 Minuten köcheln lassen.
2. Inzwischen den Weißkohl waschen, vierteln und in feine Streifen, die Kartoffeln schälen, waschen und in kleine Würfel, die Zwiebel schälen und in dünne Scheiben und die Möhren waschen, schälen und in feine Streifen schneiden.
3. Das Fleisch aus dem Topf nehmen und zur Seite stellen. Die Brühe absieben. Die Zwiebel- und Möhrenstreifen mit dem Knoblauch in Butterschmalz andünsten und mit der gesiebten Brühe ablöschen. Das Weißkraut und die Kartoffeln dazugeben, in etwa 20 Minuten gar kochen.
4. Die Rote Bete abtropfen lassen und die Flüssigkeit auffangen. Die Rote Bete mit dem Fleisch in kleine Stücke schneiden und zur Suppe geben.
5. Das Mehl mit etwas Wasser glatt rühren und mit dem Tomatenmark, Zucker, Paprika, weißen Pfeffer und dem Saft der Rote Bete ebenfalls dazugeben. Das Ganze noch einmal aufkochen lassen und abschmecken.
6. Die Petersilie klein hacken und vor dem Servieren zusammen mit 1 Esslöffel saurer Sahne über die Suppe geben.

Glasnudelsuppe

Für 10 Personen
Zubereitungszeit: ca. 30 Minuten
ca. 100 kcal · 1 g Fett · 9 %

150 g getrocknete Shiitake-Pilze
3 Möhren
4 Frühlingszwiebeln
2 1/2 l Hühnerbrühe
300 g Glasnudeln
2 EL Miso (Sojabohnenpaste)
6 EL japanische Sojasauce
2 EL Fischsauce

1. Die Pilze in 1/2 Liter heißem Wasser einweichen. Die Möhren waschen, schälen und in feine Streifen von etwa 4 cm Länge schneiden. Die Frühlingszwiebeln waschen, in sehr feine Ringe schneiden.
2. Die Hühnerbrühe aufkochen. Die Pilze in mundgerechte Stücke schneiden und mit dem Einweichwasser, dem Gemüse und den Glasnudeln in die Brühe geben.
3. Das Ganze gute 5 Minuten ziehen lassen, mit Miso, Sojasauce und Fischsauce abschmecken.

Gemüseeintopf mit Gnocchi

Gemüseeintopf mit Gnocchi

Für 10 Personen
Zubereitungszeit: ca. 45 Minuten
ca. 140 kcal · 3 g Fett · 19%

1 kg Gemüse der Saison
(z. B. Wirsing, Sellerie, Möhren)
2 große Gemüsezwiebeln
1 EL Olivenöl
2 l Gemüsebrühe
700 g stückige Tomaten
Italienische Kräutermischung
Salz, Pfeffer
Tabasco
500 g frische Gnocchi

1. Das Gemüse waschen, putzen und in mundgerechte Stücke oder Streifen schneiden. Die Zwiebeln schälen und würfeln.

2. Das Öl in einem Suppentopf erhitzen und die Zwiebelwürfel darin dünsten. Das Gemüse dazugeben und kurz anrösten.

3. Mit der Brühe ablöschen, die Tomaten dazugeben, umrühren und zum Kochen bringen. Mit den Kräutern, Salz, Pfeffer und Tabasco würzen.

4. Den Eintopf etwa 10 Minuten sanft kochen lassen. Die Gnocchi dazufügen und 2 Minuten weiter garen.

Rheinischer Sauerbraten

Für 10 Personen
Zubereitungszeit: ca. 3 Stunden
Marinierzeit: 3 Tage
ca. 470 kcal · 15 g Fett · 29 %

6 Zwiebeln
1/2 Sellerieknolle
3 Möhren
1 1/2 l Wasser
3/4 l Rotweinessig
20 Pfefferkörner
15 Wacholderbeeren
6 Gewürznelken
3 Lorbeerblätter
3 kg Rindfleisch aus der Brust (2 Stücke)
1 EL Salz
1 TL gemahlener Pfeffer
50 g Butterschmalz
100 g Rosinen
150 g Brauner Lebkuchen
3 EL Rübensirup
3 EL Mandelstifte

1. Die Zwiebeln schälen und fein würfeln. Den Sellerie und die Möhren schälen, waschen und fein würfeln.
2. Eine Marinade aus Wasser, Essig, Zwiebeln, Sellerie und Möhren sowie den Gewürzen herstellen, aufkochen und abkühlen lassen.
3. Das Fleisch waschen, trockentupfen, mit der Marinade übergießen und zugedeckt 3 Tage kühl stellen, dabei täglich wenden.
4. Die Marinade durch ein Sieb abgießen und auffangen. Das Fleisch abtrocknen, mit Salz und Pfeffer einreiben. Das Fett erhitzen und das Fleisch ringsum gut anbraten.
5. Inzwischen die Hälfte der abgegossenen Marinade erhitzen. Das gut abgetropfte Gemüse kurz zu dem Fleisch geben und mit anbraten. Mit der heißen Marinade angießen und zugedeckt ca. 2 Stunden bei mittlerer Hitze schmoren.
6. Die Rosinen in etwas Wasser einweichen. Die Braten herausnehmen und warm halten. Den Bratenfond mit der restlichen Marinade loskochen.
7. Die Lebkuchen fein zerkrümeln und mit dem Sirup verrühren. Die Sauce aufkochen und etwa 10 Minuten bei kleiner Hitze eindicken lassen und durchsieben.
8. Die abgetropften Rosinen und Mandelstifte zu der Sauce geben, nochmals 5 Minuten köcheln lassen und evtl. salzen.
9. Den Sauerbraten in Scheiben schneiden und auf einer großen Platte anrichten. Einen Teil der Sauce darüber gießen. Den Rest getrennt reichen.
(auf dem Foto)

TIPP
Reichen Sie dazu Kartoffelklöße und Bandnudeln sowie Apfelmus.

Sauerkraut-Gratin

Für 10 Personen
Zubereitungszeit: ca. 45 Minuten
Garzeit: ca. 50 Minuten
ca. 350 kcal · 11 g Fett · 29%

1 kg Schweinefilet
Salz
Pfeffer
4 Zwiebeln
2 EL Öl
10 Wacholderbeeren
2 Lorbeerblätter
100 g magerer Schinken
1 1/2 kg Sauerkraut
1 1/2 kg Kartoffeln
1/2 l Milch (1,5% F.)
2 EL Speisestärke
500 g saure Sahne (10% F.)
4 TL gehackte Majoranblättchen

1. Das Filet waschen, trockentupfen, in etwa 2 cm dicke Scheiben schneiden, salzen und pfeffern. Die Zwiebeln schälen und fein würfeln.
2. In einer Pfanne das Öl erhitzen und das Fleisch darin portionsweise, mit den Wacholderbeeren und Lorbeerblättern kurz anbraten. Das Fleisch und die Gewürze herausnehmen und beiseite stellen.
3. Den Schinken in mittelgroße Würfel schneiden und im gleichen Bratfett kross anbraten. Die Zwiebelwürfel dazugeben und glasig dünsten.
4. Das Sauerkraut auseinander zupfen und mit in die Pfanne geben. Alles verrühren und 10 Minuten dünsten. Den Backofen auf 180 °C vorheizen.
5. Die Kartoffeln schälen, waschen und in feine Scheiben schneiden. Die Sauerkrautmischung, das Fleisch und die Kartoffelscheiben in eine große Auflaufform schichten.
6. Die Milch mit der Speisestärke, sauren Sahne, Salz, Pfeffer und Majoran gut verrühren. Die Mischung über den Gratin gießen und im Backofen auf der mittleren Schiene etwa 50 Minuten backen.

Kasseler in Brotteig

Für 10 Personen
Zubereitungszeit: ca. 1 1/2 Stunden
Backzeit: ca. 1 1/2 Stunden
ca. 520 kcal · 8 g Fett · 14%

2 Pakete Vollkornbrotbackmischungen (je 500 g)
2 Päckchen Trockenhefe
2 Stücke Kasselerlachsbraten (je 1 kg)

1. Die Backmischungen mit der Trockenhefe in eine große Schüssel geben und vermischen. Lauwarmes Wasser nach Packungsangabe zufügen und alles zu einem Teig kneten. Den Teig an einem warmen Ort etwa 25 Minuten gehen lassen.
2. Den Teig in 2 gleich große Stücke teilen und einzeln auf einer bemehlten Arbeitsfläche zu Rechtecken ausrollen.
3. Die Kasselerbraten mit kaltem Wasser abspülen, gut trockentupfen und jeden in ein Rechteck wickeln. Die Teigseiten gut einschlagen und die Nähte fest andrücken.
4. Die Stücke auf ein mit Backpapier belegtes Backblech legen und 30 Minuten gehen lassen. Den Backofen auf 175 °C vorheizen.
5. Die Kasseler etwa 1 1/2 Stunden auf mittlerer Schiene backen. Vor dem Anschneiden noch 10 Minuten ruhen lassen.
6. Die Braten schneidet man am besten mit einem Elektromesser in etwa 1 cm dicke Scheiben.
(auf dem Foto)

TIPP
Servieren Sie den Kasseler im Brotteig mit Senf oder Meerrettich.

Roastbeef

Für 15 Personen
Zubereitungszeit: ca. 45 Minuten
Bratzeit: ca. 50 Minuten
ca. 930 kcal · 31 g Fett · 30 %

2 1/2 kg Roastbeef
100 g Margarine
1 1/2 kg grüne Bohnen
1 kg Reis
130 g Petersilie
70 ml Rotwein
100 g saure Sahne (10 % F.)

1. Das Fleisch reichlich mit grobem schwarzen Pfeffer und Salz einreiben.
2. Die Margarine in den Bräter geben und erhitzen. Den Backofen auf 200 °C vorheizen und sowohl das Bohnen- als auch das Reiswasser aufsetzen. Achtung: Sie benötigen für den Reis mindestens einen 5 l-Kochtopf!
3. Sobald die Margarine zerlaufen ist, das Fleisch in den Bräter setzen und 50 Minuten im Backofen auf unterer Schiene garen.
4. Die Bohnen waschen, putzen, die kleinen Stiele und die Spitzen entfernen.
5. Beide Kochwasser salzen und nach 25 Minuten der Garzeit den Reis ins kochende Wasser geben, 10 Minuten köcheln lassen, dann die Platte ausstellen und ausquellen lassen.
6. Die Bohnen 9 Minuten vor Ablauf der Garzeit ins kochende Wasser geben und sieden lassen. 1 Minute vor Ablauf der Uhr das Kochwasser abschütten und die gehackte Petersilie über die Bohnen streuen.
7. Den Braten entnehmen. Er soll vor dem Anschneiden 5 Minuten ruhen. Den Fond mit etwas Wasser und einem Schuss Rotwein ablöschen und die saure Sahne schnell unterrühren. Für eine dickere Sauce noch etwas Saucenbinder hinzufügen.
8. Erst den Reis und die Bohnen auftragen und dann den Braten in feine Scheiben schneiden.
(auf dem Foto)

TIPPS

- Roastbeef können Sie auch vorzüglich kalt essen. Dann aber den kalten Braten erst vor dem Servieren aufschneiden.
- Dazu passt besonders gut unsere Remouladensauce von Seite 62.
- Bei einer so großen Portion müssen Sie ein Roastbeefstück mit entsprechender Höhe nehmen, damit das Fleisch noch in einen Bräter oder auf ein Backblech passt. Achten Sie beim Einkauf darauf, dass Sie nicht eine Seite erwischen, durch die eine Sehne läuft.
- Lassen Sie vom Metzger die gesamte Fettdecke entfernen. Das Fleisch wird nicht trocken. Wir braten es nämlich nicht durch. Roastbeef ist schließlich innen zartrosa und keineswegs trocken. Der tranige Geschmack von Rinderfett wird so durch den reinen Fleischgeschmack ersetzt.

Lasagne auf Basis von Bolognesesauce

Für 10 Personen
Zubereitungszeit: ca. 1 Stunde
Kochzeit: ca. 2 Stunden
420 kcal · 14 g Fett · 30 %

500 g Möhren
500 g Sellerie
100 g Blumenkohl
600 g Zwiebeln
4 Knoblauchzehen
2 EL Thymian
3 Bund Basilikum
2 Bund Petersilie
1 EL Olivenöl
1 ½ kg Tatar
½ l Fleischbrühe
2 kg Tomaten
250 ml Tomatenmark
500 g Lasagneblätter
350 g geriebener Parmesan

1. Das Wurzelgemüse gut putzen und fein raspeln. Den Blumenkohl fein schneiden.
2. Die Zwiebeln und den Knoblauch schälen und würfeln. Die Kräuter ganz fein hacken, das Basilikum nur klein zupfen.
3. Das Öl in einem gusseisernen Bräter erhitzen und das Fleisch portionsweise darin scharf anbraten.
4. Das Fleisch entnehmen, die Zwiebel- und Knoblauchwürfel in den Bräter geben und gleich mit der Fleischbrühe ablöschen.
5. Das Wurzelgemüse, das Fleisch, die Tomaten, die Kräuter und das Tomatenmark zugeben und zugedeckt 45 Minuten köcheln lassen. Falls zu viel Flüssigkeit verkocht ist, noch etwas gekörnte Brühe nachgießen. Falls die Tomaten zu viel Wasser abgegeben haben, einfach den Deckel abheben, bis genug Flüssigkeit verdunstet ist.
6. Den Backofen auf 180 °C vorheizen. Den Boden einer entsprechend großen Auflaufform mit Sauce gut bedecken, dann eine Schicht Lasagneblätter einlegen, darauf wieder Sauce usw. Mit einer Schicht Sauce aufhören.
7. Den Parmesan auf der Lasagne verteilen und für 1 Stunde auf der mittleren Schiene in den Backofen stellen.

VARIATION
Natürlich können Sie das gleiche Rezept auch verwenden, um Nudeln mit Bolognesesauce anzubieten. Dann aber für 10 Personen 1½ kg Nudeln kochen. Dafür können Sie bis zu insgesamt 1 kg geriebenen Parmesan dazustellen.

Paella

Für 10 Personen
Zubereitungszeit: ca. 1½ Stunden
ca. 879 kcal · 20 g Fett · 21 %

10 Hähnchenflügel
10 kleine Hähnchenbeine
Salz
Pfeffer
750 g frische Miesmuscheln
20 Riesengarnelenschwänze
200 g Schnitzelfleisch
3 Zwiebeln
4 Knoblauchzehen
2 Paprika
2 Fleischtomaten
20 ml Olivenöl
1 kg Rundkornreis
3 Briefchen Safranfäden
2 l kochendes Wasser
300 g TK-Erbsen

1. Den Backofen auf 200 °C vorheizen. Die Hähnchenflügel und -beine waschen und trockentupfen. Das Fleisch kräftig salzen und pfeffern, mit einem Zahnstocher rundherum die Haut einpieksen.
2. Die Teile auf ein mit Cross&Frit-Papier belegtes Backblech legen, auf der mittleren Schiene in den Ofen schieben und goldbraun backen.
3. Die Muscheln unter fließend kaltem Wasser sauber bürsten, vorhandene Muschelbärte entfernen. Offene Muscheln, die sich auch beim Berühren nicht schließen, wegwerfen.

Paella

4. Die Garnelen aus den Schalen lösen, auf der Rückseite leicht einschneiden und den Darm entfernen. Die Garnelen waschen und trockentupfen.

5. Das Schnitzelfleisch in kleine Würfel schneiden. Die Zwiebeln und Knoblauchzehen schälen und hacken. Die Paprika waschen und in Streifen schneiden. Die Tomaten häuten, entkernen und würfeln.

6. Das Öl in einem Bräter erhitzen, das Schnitzelfleisch kurz und kräftig darin anbraten. Die gehackten Zwiebeln und Knoblauchzehen, Paprikastreifen und Tomatenwürfel dazugeben und einkochen lassen.

7. Den Reis, ca. 1 Teelöffel Salz und den Safran in den Bräter geben und vorsichtig untermischen. Das kochende Wasser zugießen, alles kurz aufkochen lassen und von der Kochstelle nehmen.

8. Die Hähnchenteile aus dem Backofen nehmen. Muscheln, Erbsen und Garnelen gleichmäßig auf dem Reis verteilen. Auf der untersten Schiene im Backofen 20 Minuten garen, dabei nicht umrühren.

9. Den Reis unter die Muscheln, Erbsen und Garnelen heben. Die Hähnchenteile auf die Paella legen und nochmal 10 Minuten garen. Die Paella 5–8 Minuten ruhen lassen.

Hähnchenkeulen, „mexikanisch“

Für 10 Personen
Zubereitungszeit: ca. 1 1/2 Stunden
ca. 660 kcal · 19 g Fett · 29 %

20 Hähnchenkeulen (je 100 g)
Salz
Paprikapulver
1 1/2 kg stückige Tomaten (Dose)
820 g Kidneybohnen (Dose)
425 g Mais (Dose)
2 Beutel Fix für Chili con Carne
1 große rote Paprikaschote
1 große grüne Paprikaschote
750 g Reis

1. Die Hähnchenkeulen waschen und trockentupfen. Ringsherum mit einem Kartoffelpiekser einstechen, mit Salz und Paprikapulver würzen.
2. Die Hähnchenkeulen auf ein mit Backpapier belegtes Blech legen. In den kalten Backofen geben und bei 200 °C etwa 40 Minuten garen lassen. Zwischendurch wenden.
3. Die Tomaten, Kidneybohnen und Maiskörner in ein Sieb geben und abtropfen lassen. Die Abtropfflüssigkeit mit den Würzmischungen vermischen. Die Paprikaschoten waschen und in kleine Würfel schneiden.
4. Den Reis in Salzwasser mit 1 Teelöffel Paprikapulver kochen. Die Hähnchenschenkel in einen Bräter oder eine große Auflaufform geben. Das Gemüse mit der Würzsauce vermischen und über die Hähnchenschenkel geben. Weitere 15 Minuten im Backofen garen.

TIPP
Servieren Sie Hähnchenkeulen mit Paprikareis.

Chili con Carne

Für 10 Personen
Zubereitungszeit: ca. 45 Minuten
ca. 580 kcal · 12 g Fett · 19 %

1 1/2 kg Kartoffeln
1 1/2 kg Rindfleisch aus der Hüfte
5 Zwiebeln
5 Paprikaschoten
4 EL Öl
Salz
Pfeffer
500 ml Tomatensaft
1 1/2 kg stückige Tomaten
Tabasco
800 g Mais (Dose)
800 g Kidneybohnen (Dose)

1. Die Kartoffeln schälen und in etwa 1 cm große Würfel schneiden. Das Fleisch waschen, trockentupfen, ebenfalls in 1 cm große Würfel schneiden.
2. Die Zwiebel schälen und fein hacken, die Paprikaschoten waschen und in kleine Stücke schneiden.
3. In einem Bräter oder großen Topf das Öl erhitzen und das Fleisch portionsweise darin anbraten, herausnehmen, salzen und pfeffern.
4. Die Zwiebeln in dem gleichen Fett anbraten und mit dem Tomatensaft ablöschen.
5. Die Kartoffel- und Fleischwürfel mit dem gezogenen Fleischsaft und den Tomaten dazugeben. Alles aufkochen lassen, mit Salz, Pfeffer und Tabasco würzen und etwa 20 Minuten köcheln lassen.
6. Die Paprikastücke, den Mais und die Kidneybohnen dazugeben und weitere 20 Minuten garen. Nochmals abschmecken, anrichten. (auf dem Foto)

TIPP
Reichen Sie dazu Baguette.

Pizza al gusto

Für 10 Personen
Zubereitungszeit: ca. 1 Stunde
Kochzeit: ca. 45 Minuten
Wartezeit: ca. 2 Stunden
ca. 1070 kcal · 35 g Fett · 30 %

Für den Teig:
1 ½ kg Mehl
750 ml Wasser
2 Hefewürfel
2 EL Salz

Für den Belag:
720 g geschälte Tomaten (Dose)
600 g gekochter Schinken
500 g Artischocken-Herzen
500 g frische Champignons
200 g Frühlingszwiebeln
400 g Mais (Dose)
300 g Paprika (Glas)
300 g frische Paprikaschoten
1 kg frischer Spinat
300 g Thunfisch, naturell
250 g Zwiebelringe
150 g Parmesan
300 g Gouda (45 % F. i. Tr.)
300 g Mozzarella

1. Für den Teig 300 g von dem Mehl, 300 ml Wasser, die Hefe und das Salz verrühren und 30 Minuten zugedeckt gehen lassen.
2. Nach und nach das restliche Mehl und das restliche Wasser unterrühren, verkneten und eine Stunde zugedeckt gehen lassen. Ist der Teig zu trocken, noch entsprechend Wasser zugeben.
3. Den Teig noch einmal durchkneten, in 3 Portionen aufteilen und auf je ein mit Backpapier belegtes Backblech ausrollen. Den Back ofen auf 180 °C oder bei Heißluft auf 160 °C vorheizen.
4. Die geschälten Tomaten auf die drei Bleche verteilen.
5. Sie haben die Wahl zwischen 3 Pizzas „con tutto", oder aber drei verschiedene Pizzas zu machen.
Con tutto würde bedeuten, alle Zutaten auf die drei Bleche gleichmäßig zu verteilen, die drei Käsesorten zum Schluss. Oder aber Sie fassen die Pizzas wie folgt zusammen:
a) Hawaii: Den Schinken auf eine Pizza, dazu noch eine Dose Ananasstücke extra und hier etwas mehr Käse.
b) Thunfisch: Den Thunfisch und die Zwiebeln auflegen, die Hälfte der Paprikaschoten, Frühlingszwiebeln und Artischockenherzen.
c) Vegetaria: Den Spinat kurz blanchieren und mit dem Rest auf die 3. Pizza.
6. Der Käse wird auf alle drei Pizzas einigermaßen gleichmäßig verteilt, wobei die Hawaii-Pizza ein bisschen mehr Mozzarella-Käse bekommt.
7. Die Bleche dann bei einem normalen Herd hintereinander weg, oder im Heißluftherd alle zusammen 40 Minuten backen. (auf dem Foto)

TIPPS

- Fangen Sie bei einem normalen Backofen mit der Thunfischpizza an, die ist sehr herzhaft und ein gelungener Einstieg.
- Möchten Sie nur 2 Bleche machen, dann teilen Sie die Zutaten einfach durch 3.
- Wenn Sie auf die eine oder andere Zutat komplett verzichten wollen, ist es egal, für welche Sie sich entscheiden, denn alle diese Gemüsesorten haben kaum Fett. Auf jeden Fall müssen Sie den Käse und den Schinken proportional verringern.

Fleisch-Fondue

Für 10 Personen
Zubereitungszeit: ca. 1 Stunde
ca. 420 kcal · 8 g Fett · 18 %

Fleischfondue mit je 1 Brötchen:
540 kcal · 14 %

Fleischfondue mit je 2 Brötchen:
600 kcal · 12 %

Für die Fleischbrühe:
1,5 kg Rindersuppenfleisch
1 kg Mark- und Sandknochen
2 große Gemüsezwiebeln
4 Knoblauchzehen
500 g Möhren
1 kg Knollensellerie
1/2 Blumenkohl
2 Bund Petersilie
5 Blatt Liebstöckel
1 3/4 l Wasser
2 EL Salz

Für die Einlage:
200 g Zwiebeln
500 g Rinderfilet
500 g Schweinefilet
500 g Kalbsfilet
500 g Puten- oder Hühnchenfilet

1. Für die Brühe das Fleisch und die Knochen waschen, die Zwiebeln, Knoblauchzehen und Möhren schälen und halbieren.
2. Den Sellerie schälen und in handliche Stücke schneiden. Den Blumenkohl waschen und vierteln. Die Petersilie und den Liebstöckel waschen.
3. Das Wasser mit den gesamten Zutaten in einem Dampfdrucktopf aufsetzen und unter Berücksichtigung der jeweiligen Bedienungsanleitung in 30 Minuten eine steife Rindfleischsuppe herstellen.
4. Alle stückigen Zutaten abschöpfen und die Suppe über Nacht in den Kühlschrank stellen.
5. Am nächsten Tag die Suppe komplett von der Fettdecke befreien.
6. Für die Einlage die Zwiebeln schälen und klein hacken.
7. Die Suppe 20 Minuten, bevor die Gäste kommen, aufkochen und die gehackten Zwiebeln beigeben.
8. Das Fleisch waschen, trockentupfen und in größere Stücke schneiden. Zu klein geschnittenes Fleisch verliert leider sehr an Geschmack und bleibt nicht zart und saftig.
9. Wenn alle schon am Tisch sitzen, die kochende Brühe in 2 Fonduegefäße schütten und sofort servieren.

(auf dem Foto)

TIPPS

- Zu Fondue können Sie alle Sauerkonserven reichen, dazu LOW FETT 30-Salate und -Beilagen, -Saucen und anschließend ein leckeres Dessert.
- Wenn Sie das Suppenfleisch nicht sofort zum Fondue reichen möchten, können Sie es auch nach der Party wieder in die Brühe legen und alles zusammen einfrieren. Es schmeckt später noch sehr gut mit einer Zwiebel- oder Meerettichsauce. Die Brühe gibt es dann als Vorspeise.

EXTRA-TIPP

Wir haben für Sie die Nährwertangaben in 3 verschiedenen Versionen gerechnet: Einmal nur das Fleisch, dann eine Version mit einem Brötchen pro Person, die zweite mit zwei Brötchen.
Sie sehen deutlich, wie sich der Fettprozentanteil nach unten verschiebt, wenn Sie Kohlenhydrate zum Essen reichen. Behalten Sie dieses **Rechenbeispiel** in Erinnerung, wenn Sie das nächste Mal zu einer „normalen" Fete, einem Fondue oder einer Party eingeladen werden: Dort können Sie sich den Brotkorb sichern, um Ihr Essen in jedem Fall als LOW FETT 30-Version zu genießen.

Italienischer Rindfleischsalat

Für 10 Personen
Zubereitungszeit: ca. 60 Minuten
Kochzeit: ca. 30 Minuten
ca. 530 kcal · 10 g Fett · 17%

1 kg Nudeln
Salz
700 g Tomaten
300 g Zucchini
500 g zarter Staudensellerie
1 kg Rinderfilet
2 Knoblauchzehen
3 EL Olivenöl
2 TL Thymian
350 g stückige Tomaten
60 g Tomatenmark
100 g Basilikum

1. Die Nudeln in kochendem Salzwasser bissfest kochen, abgießen und abschrecken.
2. Das Gemüse putzen, waschen und in zuckerwürfelgroße Stücke schneiden. Den Staudensellerie in feine Scheiben schneiden.
3. Das Rinderfilet waschen, trockentupfen, in ca. 3 mm dicke Scheiben schneiden, die dann noch einmal längs geteilt werden. Den Knoblauch schälen und pressen oder fein hacken.
4. Nun 1/3 des Öls in einer beschichteten Pfanne erhitzen und die Rindfleischstreifen in drei Portionen unter Zugabe der entsprechenden Menge Öl, Knoblauch und Thymian braten und dann auf einem Teller zum Auskühlen anrichten.
5. Die Pfanne mit 1/8 l Wasser ablöschen, die stückigen Tomaten und das Tomatenmark darin verrühren und in dieser Pfanne die verschiedenen Gemüsesorten bei geschlossenem Deckel garen.
6. Die gegarte Gemüsemasse über die Nudeln geben, das Rinderfilet hinzu und auf dem frischen Basilikum portionsweise auf Tellern anrichten. Noch lauwarm servieren.

Fruchtiger Geflügelsalat

Für 10 Personen
Zubereitungszeit: ca. 1 1/2 Stunden
ca. 280 kcal · 5 g Fett · 17%

500 g Spargel
Salz
1 kg Hähnchenbrust
weißer Pfeffer
1 große Ananas
3 Äpfel
Saft von 1 Zitrone
500 g helle Weintrauben
1 EL Currypulver
500 g Joghurt (1,5 % F.)
1 TL Zucker

1. Die Spargelstangen schälen, in 2 cm lange Stücke schneiden und in Salzwasser etwa 15 Minuten nicht zu weich garen. Den Spargel abtropfen und abkühlen lassen.
2. Die Hähnchenbrüste waschen, trockentupfen und in einer Pfanne mit etwas Wasser von beiden Seiten garen. Die Schnitzel herausnehmen, salzen, pfeffern, etwas abkühlen lassen und in kleine Stücke schneiden.
3. Von der Ananas Schopf und Stielansatz entfernen, der Länge nach vierteln. Strunk und Schale abschneiden. Anschließend das Fruchtfleisch in 1 cm große Stücke schneiden, dabei den Saft auffangen.
4. Die Äpfel waschen, schälen, vierteln, entkernen und in kleine Würfel schneiden. Mit der Hälfte des Zitronensafts beträufeln. Die Weintrauben waschen, halbieren und entkernen.
5. Das Obst, das Gemüse und das Fleisch miteinander vermischen.
6. Das Currypulver mit etwas Wasser glatt rühren. Den Joghurt, den restlichen Zitronensaft und Ananassaft zu einer Sauce verrühren. Mit Salz, Pfeffer und Zucker abschmecken.
7. Die Sauce unter den Salat heben und noch etwas ziehen lassen.

Himbeersalat

Himbeersalat

Für 10 Personen
Zubereitungszeit: ca. 1 Stunde
ca. 130 kcal · 4 g Fett · 28 %

800 g frische Himbeeren
5 EL Himbeeressig
4 EL Himbeerlikör
2 TL scharfer Senf
Salz
weißer Pfeffer
Zucker
300 g cremiger Joghurt (1,5 % F.)
2 Eisbergsalat
500 g frische Kalbsleber
1 EL Butter
2 Bund Schnittlauch

1. Die Himbeeren vorsichtig waschen. 200 g der Himbeeren pürieren und mit dem Essig, Likör und Senf verrühren.
2. Das Püree mit Salz, Pfeffer und Zucker abschmecken, den Joghurt darunter rühren und kalt stellen.
3. Den Eisbergsalat in kleine Stücke schneiden, waschen und abtropfen lassen.
4. Die Leber waschen, trockentupfen und von Häuten, Adern oder Fettansätzen befreien.
5. Die Butter in einer Pfanne erhitzen und die Kalbsleberscheiben portionsweise darin braten. Mit Salz und Pfeffer würzen, abkühlen lassen und in feine Streifen schneiden.
6. Den Schnittlauch waschen und in kleine Röllchen schneiden. 2 EL zum Garnieren aufheben. Den Schnittlauch mit Eisbergsalat, Himbeeren und Kalbsleberstreifen mischen. Auf einer großen Platte anrichten und das Dressing darüber geben. Mit Schnittlauch bestreuen.

TIPP
Reichen Sie dazu Baguette.

Kreolischer Reissalat

Für 10 Personen
Zubereitungszeit: ca. 45 Minuten
Marinierzeit: ca. 1 Stunde
ca. 300 kcal · 4 g Fett · 12%

600 g Hähnchenbrustfilet
2 Knoblauchzehen
1 cm frische Ingwerwurzel
2 kleine, rote Chilischoten
4 Limetten
gemahlener Koriander
500 g TriColoReis
(z. B. Uncle Ben's)
1 l Hühnerbrühe
1 EL Zucker
4 EL Sherry-Essig
125 ml Hühnerbrühe
Salz
Pfeffer
2 EL Sonnenblumenöl
4 Lauchzwiebeln
2 gelbe Paprikaschoten
2 reife Mangos
2 EL Sesamsamen
2 TL schwarzer Sesam

1. Das Filet waschen, trockentupfen und in Streifen schneiden. Den Knoblauch zerdrükken, den Ingwer schälen und fein hacken.
2. Die Chilischoten waschen und in feine Ringe schneiden. 2 der Limetten auspressen. Den Saft mit Ingwer, Knoblauch, Chili und etwas Koriander verrühren. Das Fleisch darin 1 Stunde marinieren, dabei zwischendurch durchmischen.
3. Den Reis nach Packungsanweisung in der Hühnerbrühe garen, abgießen, mit heißem Wasser kurz abspülen, gut abtropfen und abkühlen lassen.
4. Die restlichen Limetten auspressen, den Saft mit Zucker, Essig, 125 ml Brühe, Salz, Pfeffer und 1 EL Öl gut verrühren.
5. Die Lauchzwiebeln waschen, in feine Ringe schneiden und mit dem Dressing unter den Reis mischen. Paprikaschoten waschen und in kleine Würfel schneiden. Die Mangos schälen, Fruchtfleisch vom Stein lösen, klein schneiden und mit den Paprikawürfeln unter den Reis mischen.
6. Mit dem restlichen Öl eine Pfanne auspinseln, erhitzen und das Fleisch braten, salzen und mit Sesamsamen bestreuen. Den Reissalat nochmals abschmecken und mit dem Fleisch vermischen.

Exotischer Garnelen-Salat

Für 10 Personen
Zubereitungszeit: ca. 1 Stunde
Auftauzeit: ca. 2 Stunden
ca. 180 kcal · 5 g Fett · 25%

1 kg TK-Riesengarnelen
Salz
5 Papayas
2 Salatgurken
50 g Pinienkerne
2 Friseesalat
Saft von 2 Limetten
5 EL brauner Zucker
5 EL Fischsauce
1 TL chinesische Chilisauce
1 TL geriebener Ingwer
1 Bund Koriander

1. Die Riesengarnelen nach Packungsanleitung auftauen lassen, waschen, den Darm entfernen und 2 Minuten in kochendem Salzwasser blanchieren. Die Garnelen abschütten, kalt abbrausen, abtropfen lassen und in mundgerechte Stücke schneiden.
2. Die Papayas schälen, halbieren, die Kerne herauslösen und das Fruchtfleisch in Würfel schneiden.
3. Die Gurken waschen, schälen und in kleine Stifte schneiden. Die Pinienkerne in einer Pfanne ohne Fett goldgelb rösten.

Exotischer Garnelen-Salat

4. Den Friseesalat waschen, trockenschleudern und in mundgerechte Stücke zupfen. Anschließend die Strunkansätze und die Blattrippen herausschneiden.
5. Den Limettensaft mit dem Zucker verrühren bis er sich aufgelöst hat. Die Fisch- und Chilisauce sowie den Ingwer und abgezupfte Korianderblätter darunter rühren.
6. Alle Salatzutaten in einer großen Schüssel miteinander vermischen und etwas ziehen lassen.

TIPP
Die chinesische Chilisauce bekommen Sie am einfachsten in Asienläden.

Mayo-Kartoffel-Salat

Für 10 Personen
Zubereitungszeit: ca. 60 Minuten
Kochzeit: ca. 20 Minuten
ca. 270 kcal · 7 g Fett · 24 % Fett

2 kg Salat-Kartoffeln
2 TL Salz
500 g Zwiebeln
200 g Frühlingszwiebeln
500 g saure Gürkchen oder Cornichons
200 g Petersilie
50 g Kerbel
100 g Kapern
125 ml heiße Fleischbrühe
100 g Mayonnaise (50 % F.)
500 g Joghurt (1,5 % F.)

1. Die Kartoffeln schälen und 20 Minuten in Salzwasser kochen.
2. In der Zwischenzeit die Zwiebeln, die restlichen Kräuter und Gemüsesorten waschen, fein schneiden bzw. hacken, das gilt auch für die Kapern.
3. Die noch heiße Fleischbrühe mit der Mayonnaise verquirlen und den Joghurt unterrührern.
4. Nun alle Kräuter und das Gemüse zugeben.
5. Die Kartoffeln in mitteldicke Scheiben schneiden und schichtweise die Sauce zugeben.
6. Im Idealfall noch 6 Stunden in den Kühlschrank stellen, damit der Kartoffelsalat auch schön kalt ist.

TIPP
Wiegen Sie die Mayonnaise genau ab. Bei den Gemüsesorten darf es ruhig auch mehr sein, auch beim Joghurt, aber bei der Mayo geht's um jedes einzelne Gramm!

Nudelsalat mit Pfifferlingen

Für 10 Personen
Zubereitungszeit: ca. 45 Minuten
ca. 310 kcal · 5 g Fett · 15 %

750 g Farfalle-Nudeln
Salz
500 g Pfifferlinge (Glas)
4 Schalotten
1 Bund Frühlingszwiebeln
1 EL Öl, Pfeffer
400 g Joghurt (0,1 % F.)
1 TL Curry
4 EL Salatcreme (20 % F.)
½ Bund kleingehackte Petersilie
6 Zweige Estragon

1. Die Nudeln etwa 10 Minuten in Salzwasser bissfest kochen, abgießen und abtropfen lassen. Die Pfifferlinge abtropfen lassen.
2. Die Schalotten schälen und fein hacken. Die Frühlingszwiebeln waschen und schräg in feine Ringe schneiden.
3. Öl in einer Pfanne erhitzen, die Schalotten darin andünsten, Pfifferlinge dazugeben und mit anbraten. Mit Pfeffer würzen.
4. Die Nudeln mit der heißen Pilz-Schalotten-Mischung und den Frühlingszwiebeln in eine Schüssel geben und durchmischen.
5. Den Joghurt, Curry, die Salatcreme und Petersilie vermischen, mit Salz abschmecken und unter den Salat mischen. Mit Estragon bestreuen.
(auf dem Foto)

Thunfisch-Reis-Salat

Für 10 Personen
Zubereitungszeit: ca. 60 Minuten
Kochzeit: ca. 30 Minuten
ca. 260 kcal · 4 g Fett · 14 %

400 g Reis
1 TL Salz
750 g Thunfisch, naturell (Dose)
100 g mittelscharfer Senf
1 ½ EL Olivenöl
100 ml Balsamico-Essig
1 gestrichener TL Pfeffer
200 g Kapern

1. Den Reis mit 800 ml Salzwasser zum Kochen bringen, 10 Minuten köcheln lassen, den Herd ausstellen und den Reis 20 Minuten ausquellen lassen.
2. Den Thunfisch abtropfen lassen und den Saft mit dem Senf, Olivenöl und Balsamico-Essig verrühren. Mit Pfeffer würzen.
3. Den Thunfisch mit den Kapern und dem Reis vermengen, die Flüssigkeit zugeben und den Salat zugedeckt auskühlen lassen.

TIPP
Thunfisch naturell wird nicht in Öl sondern im eigenen Saft eingelegt!

Pilzsalat

Für 10 Personen
Zubereitungszeit: ca. 45 Minuten
ca. 50 kcal · 0,5 g Fett · 9 %

600 g frische Champignons
600 g Zucchinis
8 Tomaten
Salz
1 EL gehackter Basilikum
1 Bund Kresse
200 ml frisch gepresster Orangensaft
4 EL Limettensaft
2 EL Zitronensaft
1 EL Apfelessig
1 TL Zucker
Pfeffer

1. Die Champignons putzen und in Scheiben schneiden. Die Zucchinis waschen und in dünne Scheiben schneiden. Die Tomaten waschen, vierteln.
2. Das Gemüse in eine große Salatschüssel geben, salzen und mit Basilikum mischen. Die Kresse darüberstreuen.
3. Aus dem Orangen-, Limetten- und Zitronensaft, Apfelessig, Zucker und Pfeffer ein Dressing zubereiten und kurz vor dem Servieren über die Salatzutaten geben.

Bayerischer Radisalat

Für 10 Portionen
Zubereitungszeit: 30 Minuten
Wartezeit: 30 Minuten
ca. 30 kcal · 1 g Fett · 30 %

2 große Rettiche (Radis)
2 TL Salz
30 g Kümmel
1 Bund Radieschen
50 ml Weißweinessig
1 TL Öl

1. Die Radis schälen und wahlweise mittelgrob raspeln oder in Scheibchen hobeln.
2. Die Raspel oder Scheibchen gut durchsalzen, den Kümmel zugeben und 30 Minuten stehen lassen, damit der Radi Wasser zieht.
3. In der Zwischenzeit die Radieschen putzen und in kleine Würfel schneiden.
4. Nach Ablauf der Zeit das Radiwasser abgießen, Essig, Öl und Radieschen zugeben und gut vermengen.

TIPP
Wer häufig unter Blähungen leidet, sollte vorher probieren, ob er den Salat verträgt. Durch den Kümmel wird der Salat auf jeden Fall sehr viel bekömmlicher.

Maissalat

Maissalat

Für 10 Personen
Zubereitungszeit: ca. 45 Minuten
ca. 240 kcal · 4 g Fett · 15 %

1 kg Tomaten
3 grüne Paprikaschoten
500 g gekochter Schinken
1 kg Mais (Dose)
200 g Erbsen (Dose)
2 Frühlingszwiebeln
8 EL Meerrettich
Saft von 2 Zitronen
1 TL Zucker
Salz
schwarzer Pfeffer
150 g cremiger Joghurt (1,5 % F.)
4 EL gehackte Petersilie

1. Die Tomaten überkreuz einritzen, überbrühen, vom Stielansatz befreien, enthäuten, entkernen und das Fruchtfleisch würfeln.
2. Die Paprikaschoten waschen und würfeln, den Schinken klein schneiden.
3. Die Maiskörner und Erbsen abtropfen lassen. Das Gemüse und den Schinken in eine Schüssel geben.
4. Die Frühlingszwiebeln waschen und fein hacken. Den Meerrettich mit dem Zitronensaft, Zucker, Salz, Pfeffer und Joghurt verrühren. Die Frühlingszwiebeln unterrühren und das Dressing mit dem Salat vermischen.
5. Den Salat ziehen lassen, noch einmal abschmecken und vor dem Anrichten mit Petersilie bestreuen.

Kartoffelsalat, schwäbische Art

Für 10 Personen
Zubereitungszeit: ca. 1 Stunde
ca. 220 kcal · 6 g Fett · 25%

2 ½ kg festkochende Kartoffeln
3 Zwiebeln
4 große Gewürzgurken
4 EL Rinderbrühe
1 EL mittelscharfer Senf
Salz
Pfeffer
4 EL milden Weinessig
4 EL Öl
4 EL Schnittlauchröllchen

1. Die Kartoffeln mit der Schale kochen, abgießen, etwas abkühlen lassen und pellen. Die Kartoffeln in dünne Scheiben schneiden.
2. Die Zwiebeln schälen. Zwiebeln und Gurken in feine Würfel schneiden.
3. ½ l Wasser aufkochen, die Brühe darin auflösen, die Zwiebel- und Gurkenwürfel, Senf, Salz, Pfeffer, Essig und Öl unter die Brühe rühren und über die Kartoffeln geben. Anschließend alles gut vermischen und durchziehen lassen.
3. Die Schnittlauchröllchen kurz vor dem Servieren daruntermischen. Eventuell etwas Gurkenaufguss untermischen.

TIPP
Schneiden Sie 2 Äpfel in kleine Stücke und mischen Sie sie unter den Salat.

Reissalat mit Gemüse

Für 10 Personen
Zubereitungszeit: ca. 1 Stunde
ca. 310 kcal · 5 g Fett · 15%

500 g Reis
Salz
500 g TK-Erbsen
425 g Mais (Dose)
1 Salatgurke
8 Frühlingszwiebeln
500 g Tomaten
6 EL Weißweinessig
1 TL Sambal Oelek
2 durchgepresste Knoblauchzehen
4 EL Sonnenblumenöl
Pfeffer
1 Bund Petersilie

1. Den Reis in reichlich Salzwasser etwa 15 Minuten kochen, abgießen, kalt abspülen und gut abtropfen lassen.
2. Die Erbsen in kochendem Salzwasser etwa 5 Minuten blanchieren. In ein Sieb geben und sofort eiskalt abschrecken.
3. Die Maiskörner abtropfen lassen und die Abtropfflüssigkeit auffangen. Die Gurke waschen, längs halbieren und in dünne Scheiben schneiden.
4. Die Frühlingszwiebeln waschen und schräg in Ringe schneiden. Die Tomaten waschen, achteln und die Stielansätze entfernen. Alle Salatzutaten miteinander vermischen.
5. Den Essig mit Sambal Oelek, 4 Esslöffeln Maisflüssigkeit und dem Knoblauch verrühren. Das Öl darunterschlagen und mit Salz und Pfeffer würzen. Das Dressing über den Salat geben und vermischen.
6. Die Petersilie fein hacken und über den Salat geben.
(auf dem Foto)

Linsen-Kartoffel-Salat

Für 10 Personen
Zubereitungszeit: ca. 1 Stunde
ca. 440 kcal · 9 g Fett · 19 %

2 ½ kg festkochende Kartoffeln
2 große Zwiebeln
6 große Gewürzgurken
500 g Linsen ohne Suppengrün (Dose)
250 g magerer Schinkenspeck
½ l Rinderbrühe
6 EL Weißweinessig
6 EL Gurkenaufguss
1 EL scharfer Senf
schwarzer Pfeffer
1 Prise Cayennepfeffer
1 TL Zucker
3 EL Schnittlauchröllchen

1. Die Kartoffeln mit der Schale kochen, abgießen, etwas abkühlen lassen, pellen und in Scheiben schneiden. Die Zwiebeln schälen und mit den Gewürzgurken fein würfeln.
2. Die Linsen abgießen, unter klarem Wasser kalt abspülen und gut abtropfen lassen.
3. Den Schinken würfeln, in einer Pfanne ohne Fett anbraten, die Zwiebelwürfel dazugeben und glasig dünsten.
4. Die Gurken, Brühe, den Essig und Gurkenaufguss hinzufügen und kurz aufkochen lassen. Mit Senf, Pfeffer, Cayennepfeffer und Zucker würzen.
5. Die Kartoffelscheiben, Linsen und die Schinken-Zwiebel-Sauce gut miteinander vermischen und durchziehen lassen.
6. Vor dem Anrichten noch einmal durchmischen, abschmecken und mit Schnittlauchröllchen bestreuen.

Hühner-Gemüse-Salat

Für 10 Personen
Zubereitungszeit: ca. 1 ¼ Stunden
Garzeit: ca. 20 Minuten
ca. 240 kcal · 4 g Fett · 15 %

250 g Zuckerschoten
600 g Kartoffeln
Salz
5 Hühnerbrustfilets (je 150 g)
weißer Pfeffer
2 EL Öl
2 Salatgurken
500 g Weißkohl
7 rote Chilischoten
7 Schalotten
3 Knoblauchzehen
100 g geröstete Erdnüsse
3 EL Erdnussöl
150 ml Kokosnusscreme (Dose)
Saft von 1 Limette

1. Die Zuckerschoten putzen, waschen, in Salzwasser blanchieren, abschrecken, abtropfen lassen und in mundgerechte Stücke brechen.
2. Die Kartoffeln schälen, waschen, in Stifte schneiden und im Salzwasser bissfest kochen, abtropfen und abkühlen lassen.
3. Das Fleisch waschen, trockentupfen, mit Salz und Pfeffer würzen und von jeder Seite im heißen Öl etwa 5 Minuten braten. Abkühlen lassen und in Streifen schneiden.
4. Die Salatgurken schälen und in Stifte schneiden. Den Kohl putzen, waschen, die Strunkansätze herausschneiden, die Blätter in feine Streifen schneiden. Die Blätter in Salzwasser kurz blanchieren, abschrecken und abtropfen lassen.
5. Die Chilischoten waschen, entkernen und fein hacken. Die Schalotten und den Knoblauch schälen und zusammen mit den Erdnüssen fein hacken.
6. Chilis, Knoblauch und Schalotten im Erdnussöl andünsten. Die Erdnussmasse und Kokoscreme hinzufügen, erwärmen, aber nicht kochen lassen, mit Salz und Limettensaft abschmecken.
7. Die Salatzutaten in einer Salatschüssel vermischen und das Dressing unterheben.

Tatarecken

Für 10 Personen
Zubereitungszeit: ca. 20 Minuten
90 kcal · 3 g Fett · 30 %

300 g Tatar
1 Zwiebel
Salz
Pfeffer
1 EL scharfer Senf
1 Eigelb
10 Scheiben Vollkorntoast
2 EL mittelscharfer Senf
3 EL Schnittlauchröllchen

1. Das Tatar mit der fein gehackten Zwiebel, Salz, Pfeffer, scharfem Senf und Eigelb verrühren.
2. Die Brotscheiben toasten, mit dem mittelscharfen Senf bestreichen und das Tatar auf die Brote geben. Jeden Toast in 2 Dreiecke schneiden und mit Schnittlauch bestreuen.

Kasselerröllchen

Für 10 Personen
Zubereitungszeit: ca. 30 Minuten
70 kcal · 2 g Fett · 26 %

100 g Meerrettichquark
100 g Magerquark (0,2 % F.)
Salz
Pfeffer
20 Pumpernickeltaler
10 dünne Scheiben Kasselerbraten

1. Den Meerrettichquark mit dem Magerquark, Salz und Pfeffer verrühren.
2. Die Pumpernickeltaler dünn mit 1/3 des Quarks bestreichen.
3. Die Kasselerscheiben halbieren, zu Tüten aufrollen und mit etwas Quark füllen. Zum Schluss die Kasselerröllchen auf die Pumpernickeltaler setzen.

Kartoffelplätzchen mit Kaviar

Für 10 Personen
Zubereitungszeit: ca. 30 Minuten
ca. 190 kcal · 6 g Fett · 29 %

20 TK-Kartoffelpuffer (1,2 kg)
100 g cremiger Quark (0,2 % F.)
Salz
Pfeffer
1 TL Zitronensaft
50 g Lachskaviar

1. Die Kartoffelpuffer laut Packungsanweisung im Backofen auf Cross & Fritt-Papier backen.
2. Den Quark mit Salz, Pfeffer und Zitronensaft verrühren.
3. Die Kartoffelpuffer etwas abkühlen lassen, auf jeden etwas Dip und Lachskaviar geben.
(auf dem Foto)

TIPP
Statt der Kartoffelpuffer können Sie auch Rösti oder gegarte Kartoffelhälften verwenden.

Wirsingröllchen

Für 10 Personen
Zubereitungszeit: ca. 60 Minuten
ca. 100 kcal · 3 g Fett · 27 %

1 l Gemüsebrühe
250 g Risottoreis
10 helle Wirsingblätter
4 Möhren
1 kleine Salatgurke
1 Paprikaschote
1/2 Avocado
6 EL Weißweinessig
Salz
1 rote Chilischote
10 EL Sojasauce
2 EL Sesamsamen

1. Die Gemüsebrühe einmal aufkochen lassen, den Reis zugeben und ca. 25 Minuten ausquellen lassen.
2. Die Wirsingblätter waschen, in kochendem Wasser 8 bis 10 Minuten blanchieren, abschrecken und den Strunk flach schneiden.
3. Das restliche Gemüse putzen, waschen und in flache Streifen schneiden. Die Wirsingblätter auf einer Arbeitsplatte ausbreiten.
4. Den Reis mit Essig und Salz würzen, in 10 Portionen teilen. Jede Portion mit feuchten Händen zu einer Rolle formen. In die Rolle die vorbereiteten Gemüsestreifen einarbeiten.
5. Die Rolle auf ein Wirsingblatt legen und zusammenrollen. Die Wirsingrollen teilen.
6. Die Chilischote waschen, längs halbieren, entkernen und in Ringe schneiden. Mit der Sojasauce verrühren, Sesam darüberstreuen und zu den Wirsingröllchen reichen.

Fleischbällchen

Für 10 Personen
Zubereitungszeit: ca. 45 Minuten
ca. 90 kcal · 3 g Fett · 30 %

500 g mageres Rindfleisch
1 Zwiebel
1 Ei
50 g Semmelbrösel
4 EL Magerquark (0,2 % F.)
Salz
Pfeffer
2 EL Ketchup

1. Den Backofen auf 200 °C vorheizen. Das Fleisch waschen und durch den Wolf drehen.
2. Die Zwiebel schälen, fein hacken und mit dem Fleisch, Ei, Semmelbröseln, Quark, Salz, Pfeffer und Ketchup gut vermengen.
3. Ein Backblech mit Cross& Frit-Papier belegen, 30 kleine Bällchen formen, darauf legen und etwa 30 Minuten auf mittlerer Schiene backen. Zwischendurch wenden.

TIPP
Stecken Sie Fleischbällchen auf Spieße und reichen Sie sie mit verschiedenen Dips, z. B. Quark-Senf-Dip oder Joghurt-Knoblauch-Dip.

Lachstatar auf Pumpernickeltalern

Lachstatar auf Pumpernickeltalern

Für 10 Personen
Zubereitungszeit: ca. 40 Minuten
ca. 100 kcal · 3 g Fett · 30 %

140 g Räucherlachs
1 EL Zitronensaft
1 großer Apfel
50 g Senfgurken
2 EL gehackter Dill
100 g Joghurt (1,5 % F.)
Salz
Pfeffer
2 EL mittelscharfer Senf
30 Pumpernickeltaler

1. Die Lachsscheiben in kleine Stücke schneiden und mit Zitronensaft beträufeln.

2. Den Apfel waschen, schälen und fein würfeln. Die Senfgurken ebenfalls fein würfeln, mit dem Apfel und Lachs mischen, den Dill darunter geben.

3. Den Joghurt mit Salz, Pfeffer und Senf vermischen. Die Pumpernickeltaler damit bestreichen. Das Lachstatar darauf verteilen.

Gefüllte Kartoffeln

Für 10 Personen
Zubereitungszeit: ca. 45 Minuten
ca. 60 kcal · 1 g Fett · 15%

10 kleine Kartoffeln (je 60 g)
Kräutersalz
1 kleine rote Paprikaschote
1 kleine Zwiebel
100 g Buttermilchfrischkäse (8% F.)
Paprikapulver

1. Die Kartoffeln gut waschen, abbürsten und längs halbieren. Das Innere mit einem Teelöffel aushöhlen. Ringsherum einen Rand von etwa 1/2 cm lassen.
2. Das Kartoffelinnere mit Salz bestreuen. Den Backofen auf 200 °C vorheizen.
3. Die Paprikaschote waschen, die Zwiebel schälen. Beides klein würfeln, mit dem Frischkäse verrühren und mit Salz und Paprika würzen.
4. Die Frischkäsemischung in die Kartoffeln füllen und im Backofen etwa 30 Minuten auf mittlerer Schiene backen.

Cevapcici

Für 10 Personen
Zubereitungszeit: ca. 30 Minuten
Backzeit: ca. 45 Minuten
ca. 330 kcal · 10 g Fett · 28%

500 g Zwiebeln
evtl. 5 Knoblauchzehen
2 1/2 kg Tatar
1 TL Salz
1–2 TL frisch gemahlener schwarzer Pfeffer
2 EL Traubenkernöl

1. Die Zwiebeln (und ggf. den Knoblauch) schälen und in ganz feine Würfelchen hacken.
2. Das Tatar zugeben und verkneten. Währenddessen nach und nach Pfeffer und Salz beigeben.
3. Den Backofen auf 200 °C vorheizen. Aus der Fleischmasse daumendicke Würstchen formen und dünn mit dem Traubenkernöl bepinseln.
4. Die Cevapcici auf ein mit Backpapier belegtes Backblech verteilen und auf mittlerer Schiene in 45 Minuten von allen Seiten braun backen.

TIPP
Sie können die Cevapcici auch in der beschichteten Pfanne braten, das macht allerdings etwas mehr Arbeit und es riecht auch intensiver.

Bananentaler

Für 10 Personen
Zubereitungszeit: ca. 30 Minuten
ca. 80 kcal · 2 g Fett · 23%

2 große Bananen
1 EL Zitronensaft
40 g Magerquark (0,2% F.)
Salz
Zitronenpfeffer
5 Scheiben Sechskornbrot (je 40 g)
2 Stauden Chicoree
20 Scheiben Bündnerfleisch
20 Blättchen Zitronenmelisse

1. Die Bananen schälen, in 20 Scheiben schneiden und mit dem Zitronensaft beträufeln. Die Endstücke mit dem Quark zerdrücken, mit Salz und Zitronenpfeffer abschmecken.
2. Mit einem Ausstecher (Ø 4 cm) 20 Taler aus dem Brot ausstechen. Die Taler mit dem Bananenquark bestreichen.
3. Von dem Chicoree den Strunk abschneiden und die Taler mit den Blättern belegen.
4. Je eine Scheibe Bündnerfleisch und Banane darauf legen. Mit den Zitronenmelisseblättchen garnieren.
(auf dem Foto)

Olivenbrot mit Oregano

Für 10 Personen
Zubereitungszeit: ca. 3 Stunden
Backzeit: 30–45 Minuten
ca. 380 kcal · 9 g Fett · 22 %

400 ml lauwarmes Wasser
1 Würfel frische Hefe
1 TL Salz
1 TL Zucker
3 EL Olivenöl
50 g Joghurt (1,5 % F.)
800 g Mehl (oder Panino-Backmischung)
100 g schwarze Oliven
100 g grüne Oliven
5 EL Oregano

1. Aus 200 ml von dem Wasser, der Hefe, dem Salz und Zucker, Olivenöl, Joghurt und 200 g von dem Mehl oder der Backmischung einen Hefeteigansatz herstellen und zugedeckt 30 Minuten an einem warmen Ort gehen lassen.
2. In der Zwischenzeit die Oliven halbieren oder vierteln (je nach Größe und persönlichem Geschmack).
3. Das restliche Mehl zu dem Teig geben und zusammen mit dem restlichen Wasser einen lockeren Teig herstellen. Den Teig eine Stunde zugedeckt an einem warmen Ort gehen lassen.
4. Den Backofen auf 50 °C vorheizen. Die Oliven und den Oregano zum Teig geben, noch einmal kräftig durchkneten, zu einem Brot formen und auf ein mit Backpapier belegtes Backblech legen.
5. Das Blech auf mittlerer Schiene in den Backofen schieben und noch einmal 30 Minuten ruhen lassen.
6. Den Backofen auf 200 °C stellen und je nach Teighöhe 30 bis 45 Minuten ausbacken.

TIPP
Wenn Sie das Brot gelegentlich mit Wasser bestreichen, wird es knuspriger.

Bruschetta

Für 10 Personen
Zubereitungszeit: ca. 20 Minuten
ca. 300 kcal · 5 g Fett · 15 %

2 Baguettes (je 500 g)
400 g Tomaten
1 Gemüsezwiebel (ca. 100 g)
3 Knoblauchzehen
1 TL Salz
2 EL Olivenöl

1. Den Backofen auf 150 °C vorheizen. Die Baguettes in fingerdicke Scheiben schneiden und im Backofen auf mittlerer Schiene von beiden Seiten knusprig rösten.
2. In der Zwischenzeit die Tomaten waschen, den Strunk entfernen und in Würfelchen schneiden. Die Zwiebel und den Knoblauch schälen, fein hacken, Salz und Öl zugeben und gut mischen. Mit den Tomatenwürfeln vermengen.
3. Die noch heißen Baguette-Scheiben mit der Tomatenmischung belegen und sofort servieren.

TIPP
Sie können Bruschetta auch gut als Abendessen zubereiten. Bei 1–2 Personen die Zutatenmengen entsprechend reduzieren und das Brot toasten, sonst dauert es zu lange.

Garnelenspieße

Garnelenspieße

Für 10 Personen
Zubereitungszeit: ca. 40 Minuten
ca. 150 kcal · 3 g Fett · 18 %

1 Ananas (ca. 800 g)
30 Riesengarnelen
1 TL Öl
8 EL cremiger Joghurt (1,5 % F.)
Salz, Pfeffer
2 EL Curry

1. Die Ananas längs halbieren, längs in vier Spalten schneiden und den harten Innenstrunk entfernen.
2. Die Schale vom Fruchtfleisch entfernen und die Spalten quer in 1 cm dicke Stücke schneiden, dabei den Saft auffangen.
3. Die Garnelen waschen, trockentupfen, an der Rückseite der Länge nach einritzen und den Darm entfernen und mit je 1 Stück Ananas auf Spieße stecken.
4. Eine beschichtete Pfanne mit dem Öl auspinseln und die Spieße darin auf beiden Seiten 2–3 Minuten anbraten.
5. Aus Joghurt, Salz, Pfeffer, Curry und 1 Esslöffel Ananassaft einen Dip rühren und zu den Garnelenspießen reichen.

Blechkartoffeln mit dreierlei Dips

Für 10 Personen
Zubereitungszeit: ca. 1 Stunde
ca. 430 kcal · 6 g Fett · 13%

Für die Blechkartoffeln:
3 EL Öl
Salz
getrockneter Thymian
3 kg Kartoffeln

Für den Schafskäsedip:
100 g Schafskäse (40% F. i. Tr.)
500 g Magerquark (0,2% F.)
3 Frühlingszwiebeln
1 Bund kleingeschnittener Schnittlauch
Salz
Pfeffer

Für den Krabbendip:
600 g Nordseekrabbenfleisch
Saft von 1 Zitrone
1 Bund kleingeschnitter Dill
500 g Magerquark (0,2% F.)
250 g Joghurt (0,3% F.)
Salz
Pfeffer
1 EL Meerrettich (Glas)
100 g Rucola
1 Bund kleingeschnittener Schnittlauch

Für den Paprika-Safran-Dip:
500 g Magerquark (0,2% F.)
250 g Joghurt (0,3% F.)
1 rote Paprikaschote
1 gelbe Paprikaschote
1 Tüte Safranfäden
Salz
1/2 TL Paprika, edelsüß

1. Für die Blechkartoffeln zwei Backbleche mit Alufolie belegen und mit dem Öl bepinseln. Meersalz und Thymian darauf streuen. Den Backofen auf 200 °C vorheizen.
2. Die Kartoffeln waschen, abbürsten und längs durchschneiden. Mit der Schnittfläche auf die Bleche setzen.
3. Die Kartoffeln nochmals mit Kräutern bestreuen und in dem Backofen auf mittlerer Schiene etwa 40 Minuten backen.

4. Für den **Schafskäsedip** den Schafskäse mit einer Gabel zerdrücken und mit dem Quark gut verrühren.
5. Die Frühlingszwiebeln waschen, in Ringe schneiden und mit dem Schnittlauch unter die Quarkmasse rühren. Mit Salz und Pfeffer abschmecken.

6. Für den **Krabbendip** die Krabben waschen, abtropfen lassen und mit dem Zitronensaft und Dill vermischen.
7. Den Quark mit dem Joghurt verrühren, mit Salz, Pfeffer und Meerrettich abschmecken.
8. Den Rucola waschen, abtropfen lassen, grob hacken und mit dem Schnittlauch unter die Masse rühren. Zusammen mit den Krabben reichen.

9. Für den **Paprika-Safran-Dip** den Quark und Joghurt miteinander verrühren.
10. Die Paprikaschoten waschen, entkernen und in kleine Würfel schneiden. Mit den Safranfäden unter die Quarkmasse rühren. Mit Salz und Paprika würzen.
(auf dem Foto)

Hot-Chili-Sauce

Für 10 Personen
Zubereitungszeit: ca. 40 Minuten
Kochzeit: ca. 20 Minuten
ca. 20 kcal · 0,1 g Fett · 5%

3 Paprikaschoten (je 100 g)
3–5 Chilischoten
2 Stangen Staudensellerie
1 kleine Zucchini
500 g Tomaten
1 TL Salz

1. Die Paprikaschoten waschen, entkernen und in kleine Würfel schneiden.
2. Die Chilischoten waschen und mit der Schere kleinschneiden (Vorsicht, dass Sie keinen Saft unter die Fingernägel bekommen, das brennt wie Feuer!)
3. Den Staudensellerie und die Zucchini waschen und in kleine Würfel schneiden.
4. Die Tomaten in kochendes Wasser geben, 1 Minute ziehen lassen, mit kaltem Wasser abschrecken und die Haut abziehen, ebenfalls in kleine Würfel schneiden.
5. Die Paprikaschoten, Chilistückchen und den Sellerie mit 1/2 Tasse Wasser und dem Salz aufsetzen und 5 Minuten köcheln lassen.
6. Dann die Zucchini beigeben und nach einer weiteren Minute die Tomaten.
7. Bei geschlossenem Deckel je nach Geschmack 5 bis 10 Minuten köcheln lassen.

TIPP
Die Chilisauce ist nichts für schwache Gemüter, schmeckt aber ganz lecker zu Nudeln, Reis und Kartoffeln, auch als Grundlage für Pepperoni-Pizza oder zum Fondue ist sie bestens geeignet.

Remouladensauce

Für 10 Personen
Zubereitungszeit: ca. 60 Minuten
Zeit zum Durchziehen: über Nacht
ca. 90 kcal · 3 g Fett · 30%

200 g Frühlingszwiebeln und/oder Schnittlauch
400 g Zwiebeln
100 g Dill
300 g Petersilie
50 g Kerbel
500 g saure Gürkchen (Glas)
100 g Kapern
3 EL Mayonnaise (50% F.)
125 ml Fleischbrühe
500 g Joghurt (1,5% F.)

1. Die Gemüse und Kräuter waschen, bzw. schälen und klein schneiden. Die Gurken und Kapern abtropfen lassen und klein schneiden.
2. Die Mayonnaise mit der Fleischbrühe verrühren und den Joghurt ebenfalls unterrühren.
3. Alle Zutaten gut miteinander vermischen und über Nacht im Kühlschrank durchziehen lassen.

TIPP
Die Remouladensauce hält sich selbst unter günstigen Bedingungen nur etwa 3 Tage.

Safranquark

Safranquark

Für 10 Personen
Zubereitungszeit: ca. 10 Minuten
ca. 30 kcal · 0,2 g Fett · 6 %

500 g Magerquark (0,2 % F.)
2 g gemahlener Safran
1 TL Salz
1/8 l Wasser

1. Alle Zutaten miteinander vermengen und in einer Küchenmaschine ca. 3 Minuten rühren.

2. Vor dem Servieren nochmals umrühren.

TIPP
Safranquark wird als „Amuse"* zu Brot gereicht, schmeckt über frischen Kartoffeln und Gemüseaufläufen oder als Dip für frisches Gemüse.

*Als „Amuse Geule" (Gaumenkitzler) werden in der französischen Küche die kleinen Häppchen genannt, die der Küchenchef vor dem eigentlichen Menü serviert. Das Amuse eignet sich gut, den ersten Heißhunger zu besänftigen und ist eine Empfehlung der Küche.
Gerade wenn wir mehrere Gäste erwarten und direkt am Tisch Platz nehmen, vertreibt das Amuse die Zeit, bis der erste Gang aufgetragen wird.
Nicht vergessen: LOW FETT 30 bedeutet ja nicht, auf Genuss zu verzichten!

Zitronensauce

Für 10 Personen
Zubereitungszeit: ca. 30 Minuten
ca. 80 kcal · 2 g Fett · 23 %

250 ml Milch
250 ml Fleischbrühe
(bei Fischgerichten: Fischfonds)
1 TL Salz
100 g Zucker
Saft und Schale von
4 unbehandelten Zitronen
3 EL Speisestärke
3 EL Sahne (30 % F.)

1. Die Milch mit der Fleischbrühe, dem Salz und Zucker erhitzen.
2. Die Zitronen abreiben, auspressen und mit der Stärke vermischen.
3. Sobald die Fleischbrühe kocht, den Zitronensaft zugeben und kräftig rühren, bis die Sauce eindickt.
4. Die Sahne zugeben und servieren.

TIPPS

- Die Zitronensauce passt gut zu weißem Fisch, zu Fondue und zu Spargel.
- Mit 1 kg Räucherlachs und 1 1/2 kg Nudeln wird aus der Sauce noch ein wunderbares Partygericht (mit 12 % Fettkalorien!!)

Tzatziki

Für 10 Personen
Zubereitungszeit: ca. 20 Minuten
Wartezeit: ca. 2 Stunden
ca. 35 kcal · 0,5 g Fett · 13 %

5 große Knoblauchzehen
400 g Salatgurke
1 TL Salz
250 g Joghurt (1,5 % F.)
250 g Magerquark (0,2 % F.)
1 Bund kleingeschnittener Dill

1. Den Knoblauch schälen und pressen.
2. Die Gurke waschen, schälen und auf der mittleren Stufe raspeln. Das Salz zugeben und zugedeckt 30 Minuten stehen lassen.
3. Das Gurkenwasser abgießen, gegebenenfalls noch einen kleinen Rest zurückbehalten.
4. Den Joghurt und Quark zugeben und mit der Gurke vermengen. Evtl. noch etwas von dem Gurkenwasser beigeben.
5. Den Knoblauch und den Dill hinzufügen und zugedeckt im Kühlschrank noch mindestens 1 1/2 Stunden ziehen lassen.

TIPP

Tzatziki passt nicht nur gut zu allen Fleischsorten, auch Kartoffeln, Brot und Salate profitieren gleichermaßen von der cremigen Würze.

Frankfurter Grüne Soße mit Kartoffeln

Für 10 Personen
Zubereitungszeit: ca. 45 Minuten
ca. 300 kcal · 8 g Fett · 24 %

2 kg Kartoffeln
1/4 l saure Sahne (10 % F.)
500 g Joghurt (1,5 % F.)
Saft von 2 Zitronen
750 g Magerquark (0,2 % F.)
Salz, Pfeffer, Zucker
600 g frische Kräuter
(z. B. Schnittlauch, Petersilie, Kerbel, Kresse, Dill)
6 Schalotten
6 hart gekochte Eier

1. Die Kartoffeln abbürsten, in Salzwasser gar kochen und abgießen.
2. Sahne, Joghurt, Zitronensaft und Quark miteinander verrühren. Mit Salz, Pfeffer und Zucker abschmecken.
3. Die Kräuter waschen, abtropfen lassen und klein hacken, einige Kräuter zum Garnieren beiseite legen.
4. Die Schalotten fein würfeln und zusammen mit den Kräutern unter die Sauce rühren.
5. Die Eier pellen, in feine Würfel schneiden und unter die Sauce heben. Die Sauce abschmecken. Mit den Kartoffeln servieren.

(auf dem Foto)

Blutorangentraum

Für 10 Personen
Zubereitungszeit: ca. 45 Minuten
Kühlzeit: ca. 4 Stunden
ca. 190 kcal · 3 g Fett · 15%

10 Blutorangen
2 Päckchen Orangeback
200 g Zucker
4 Eigelb
3 EL Grenadinsirup
4 Blatt weiße Gelatine
500 ml cremigen Magerquark (0,2% F.)
3 Eiweiß

1. Die Orangen halbieren und den Saft auspressen. Aus den Schalenhälften das Innere sauber herausschaben.
2. Den Orangensaft, Orangeback und Zucker bei starker Hitze zu einem Sirup einkochen.
3. Das Eigelb über dem heißen Wasserbad cremig aufschlagen, den Sirup langsam zugießen und weiter schlagen bis es dicklich-cremig ist. Die Masse auf Eiswasser kalt rühren.
4. Die Gelatine in 3 Esslöffel kaltem Wasser einweichen und ausdrücken. Den Grenadinsirup erwärmen, die Gelatine in dem Grenadinsirup auflösen und unter die Eimasse rühren.
5. Den Quark unter die Eimasse rühren. Das Eiweiß sehr steif schlagen und ebenfalls unter die Masse heben.
6. Die Masse in die Orangenhälften spritzen und etwa 4 Stunden gefrieren. Zum Servieren gestoßenes Eis auf eine große Platte füllen und die Orangenhälften daraufsetzen. (auf dem Foto)

Beerenmix

Für 10 Portionen
Zubereitungszeit: ca. 45 Minuten
ca. 80 kcal · 1 g Fett · 12%

1 ½ kg TK-Beerenmischung
100 g Zucker
Saft von 1 Zitrone
Saft von 2 Orangen
5 cl Grand Manier

1. Die Beeren in eine große Schüssel füllen, auftauen lassen, mit dem Zucker bestreuen und vermischen.
2. Ein Viertel der Früchte mit dem Pürierstab pürieren und durch ein Sieb streichen.
3. Das Pürree mit dem Zitronen- und Orangensaft verrühren, mit Grand Manier abschmecken. Eventuell noch etwas zuckern.
4. Die Sauce über die Beeren geben und servieren.

Quarkcreme mit Kirschen

Für 10 Portionen
Zubereitungszeit: ca. 1 Stunde
Kühlzeit: ca. 3 Stunden
ca. 290 kcal · 5 g Fett · 16%

1 kg Kirschen
250 g Zucker
5 EL Portwein
12 Blatt weiße Gelatine
1 kg Joghurt (1,5% F.)
500 g Quark (20% F.)
2 Päckchen Orangeback
400 ml Orangensaft
Saft von 1 Zitrone

1. Die Kirschen entsteinen, mit 4 Esslöffel von dem Zucker bestreuen und mit dem Portwein beträufeln. Zugedeckt etwa 30 Minuten ziehen lassen.
2. Die Gelatine nach Packungsanweisung einweichen. Den Joghurt, Quark, restlichen Zucker, Orangeback, Orangen- und Zitronensaft glatt rühren.
3. Einen Teil der Creme mit der Gelatine verrühren und diese Mischung unter die restliche Creme rühren. Kalt stellen bis die Masse zu gelieren beginnt.
4. Die Kirschen und Creme abwechselnd in eine Glasschüssel schichten und im Kühlschrank fest werden lassen.

Pflaumengrütze

Für 10 Personen
Zubereitungszeit: ca. 1 Stunde
ca. 130 kcal · 0,1 g Fett · 0,7%

1 kg Pflaumen
3 EL Speisestärke
1/4 l Wasser
1/2 l Rotwein
100 g Zucker
1/2 TL Zimt
1 Prise Nelkenpulver

1. Die Pflaumen waschen, halbieren und entsteinen.
2. Die Speisestärke mit etwas von dem Wasser anrühren.
3. Das restliche Wasser, den Wein, Zucker, Zimt, Nelkenpulver und Pflaumen in einem großen Topf aufkochen und die Früchte auf kleiner Flamme weich dünsten.
4. Die angerührte Stärke zu den Pflaumen geben und kurz aufkochen lassen.

TIPP
Zur Plaumengrütze passt Vanillepudding.

Früchteplatte „Florida"

Für 10 Personen
Zubereitungszeit: ca. 45 Minuten
ca. 220 kcal · 3 g Fett · 13%

5 Bananen
500 g Joghurt (1,5 % F.)
Saft von 1 Zitrone
6 EL flüssiger Honig
3 EL Mohnsamen
4 große rosa Grapefruit
1 große Ananas
6 Kiwis
frische Minze

1. Die Bananen schälen, klein schneiden und mit dem Joghurt, Zitronensaft, Honig und Mohnsamen pürieren.
2. Die Grapefruits schälen und filetieren. Die Ananas schälen, die „braunen Augen" aus dem Fruchtfleisch herausschneiden und in Scheiben schneiden. Den holzigen Kern herausschneiden und die Scheiben halbieren.
3. Die Kiwis halbieren und kleine Kugeln ausstechen.
4. Die Früchte auf einer großen Platte dekorativ anrichten, mit Minzeblättern garnieren und die Bananen-Joghurt-Sauce dazureichen.

Überbackene Bananen

Für 10 Personen
Zubereitungszeit: ca. 40 Minuten
ca. 150 kcal · 4 g Fett · 24%

10 Bananen
Saft von 2 Zitronen
5 EL Honig
1 TL Butter
4 Eier
2 Päckchen Vanillinzucker
etwas Puderzucker

1. Die Bananen schälen, halbieren, mit Zitronensaft beträufeln und mit Honig bestreichen.
2. Eine feuerfeste Form mit Butter ausstreichen, die Bananen hineinlegen. Den Backofen auf 150 °C vorheizen.
3. Die Eier trennen, das Eigelb mit dem Vanillinzucker gut verrühren. Das Eiweiß zu steifen Schnee schlagen und unter die Eigelbmasse ziehen.
4. Den Eischaum auf die Bananen streichen und etwa 15 Minuten auf mittlerer Schiene überbacken. Die Bananen sofort mit Puderzucker bestäuben und servieren.

Feigensalat

Feigensalat

Für 10 Personen
Zubereitungszeit: ca. 45 Minuten
ca. 110 kcal · 0,3 g Fett · 2%

20 frische dunkle Feigen
10 cl Cassis
1/8 l trockener Weißwein
300 g TK-Himbeeren
4 EL Puderzucker
800 g Pfirsiche (Dose)

1. Die Feigen von den Stielansätzen befreien und vierteln. Den Cassis in einem Topf mit dem Weißwein vermischen.
2. Die Feigen mit der Schalenseite nach unten in den Topf legen, erhitzen und etwa 10 Minuten bei schwacher Hitze dünsten.
3. Die Himbeeren auftauen lassen, pürieren, durch ein Sieb streichen und mit dem Puderzucker verrühren.
4. Die Pfirsiche kurz abtropfen lassen, klein schneiden und pürieren.
5. Die Feigen aus dem Sud nehmen, abtropfen lassen und auf einer großen Platte verteilen. Den Sud abkühlen lassen.
6. Soviel von dem Sud unter das Pfirsichpüree mischen, dass das Püree nicht zu flüssig wird.
7. Die Pürees mit den Feigen servieren.

Obstsalat mit Himbeersauce

Für 10 Personen
Zubereitungszeit: ca. 45 Minuten
ca. 170 kcal · 1 g Fett · 6 %

500 g rote Johannisbeeren
500 g Erdbeeren
150 g Puderzucker
5 große, reife Pfirsiche
Saft von 2 Zitronen
500 g Kirschen
500 g TK-Himbeeren
6 cl Cointreau
einige Minzeblätter

1. Die Johannisbeeren waschen, von den Rispen streifen und in eine Schüssel geben. Die Erdbeeren waschen, entstielen, vierteln und dazugeben.
2. Die Beeren mit 100 g von dem Puderzucker vermischen und ziehen lassen.
3. Die Pfirsiche überkreuz einritzen, kurz in kochendes Wasser legen, enthäuten, entkernen und das Fruchtfleisch in Spalten schneiden und mit dem Saft einer Zitrone beträufeln.
4. Die Kirschen waschen und entsteinen. Die Pfirsichstücke und Kirschen zu den Beeren geben und vorsichtig durchmischen.
5. Die Himbeeren auftauen lassen, pürieren und das Püree durch ein Sieb streichen. Das Püree mit dem restlichen Zitronensaft, dem restlichen Puderzucker und Cointreau verrühren.
6. Die Sauce vorsichtig unter den Obstsalat mischen. Mit einigen Minzeblättern anrichten.

Apfeltarte

Für 10 Personen
Zubereitungszeit: ca. 20 Minuten
Kühlzeit: ca. 1 Stunde
Backzeit: insg. ca. 70 Minuten
ca. 440 kcal · 12 g Fett · 25 %

300 g Mehl
100 g Butter
200 g Zucker
1 TL Zimt
2 Eier, 2 Eiweiß
2 Päckchen Vanillinzucker
2 kg Apfelmus
4 Äpfel mit roter Schale
8 EL Aprikosenkonfitüre
Saft von 1 Zitrone

1. Für den Teig das Mehl auf eine Arbeitsfläche sieben. In die Mitte eine Mulde drücken. Die Butter in Flöckchen, die halbe Menge Zucker, Zimt, die Eier, Eiweiß und den Vanillinzucker hineingeben.
2. Alles verkneten bis ein geschmeidiger Teig entsteht. Den Teig 1 Stunde kalt stellen.
3. Den Teig halbieren, auf einer bemehlten Arbeitsfläche jeweils kreisrund (Ø 26 cm) ausrollen, in eine Tarteform legen und einen Rand hochdrücken. Das Apfelmus auf die Teige verteilen. Den Backofen auf 190 °C oder bei Umluft auf 170 °C vorheizen.
4. Die Äpfel waschen, entkernen, in feine Scheiben schneiden und auf die beiden Tartes legen. Den restlichen Zucker darauf streuen und nacheinander in 35–40 Minuten auf der mittleren Schiene backen.
5. Die Aprikosenkonfitüre und den Zitronensaft zusammen erhitzen und durch ein Sieb streichen und dünn auf die heißen Tartes verstreichen. (auf dem Foto)

TIPP
Die Tartes schmecken heiß und kalt.

LOW FETT 30-Tabelle

Lebensmittel, Menge (essbarer Anteil)	Energie in kcal	Fett in g	Fett-kalorien in %
Brot und Brötchen (1 Scheibe oder 1 Stück)			
Baguette, 50 g	126	1	7
Toastbrot, 50 g	130	2	14
Weißmehlbrötchen, 50 g	136	1	7
Weißbrot mit Rosinen, 50 g	122	1	7
Weizenvollkornbrötchen mit Sonnenblumenkernen, 50 g	239	4	15
Vollkornbrötchen, 50 g	134	1	7
Roggenvollkornbrot, 50 g	96	1	9
Grahambrot, 50 g	100	0,5	5
Knäckebrot Knusperleicht, 6 g	23	0	0
Knäckebrot mit Sesam, 13 g	51	1	17
Pumpernickel, 40 g	73	0,4	5
Milch, Milchprodukte (1 Glas oder 1 Becher)			
Milch, entrahmt (0,3% F.), 200 ml	72	0,6	8
Milch, fettarm (1,5% F.), 200 ml	98	3	28
Joghurt, entrahmt (0,3% F.), 150 g	47	0,5	9
Joghurt, fettarm (1,5% F.), 150 g	76	2	24
Fruchtjoghurt, fettarm (1,5% F.), 150 g	145	2	12
Quark, mager (0,2% F. i. Tr.), 100 g	75	0	0
Quark (20% F. i. Tr.), 100 g	100	4	36
Sahne (30% F.), 100 ml	288	30	94
Schmand (24% F.), 100 ml	205	20	88
Saure Sahne (10% F.), 100 ml	117	10	77
Crème fraîche (40% F.), 100 g	373	40	97

Lebensmittel, Menge (essbarer Anteil)	Energie in kcal	Fett in g	Fett-kalorien in %
Fleisch			
Rindertatar, 100 g	113	3	24
Rinderfilet, 100 g	121	4	30
Roastbeef vom Rind, 100 g	130	4	28
Rinderroulade, 100 g	121	4	30
Kalbsbraten, 100 g	107	3	25
Kalbsfilet (Lende), 100 g	111	3	24
Kalbsschnitzel (Keule), 100 g	102	2	18
Schweinefilet, 100 g	107	2	17
Schweineschnitzel, 100 g	107	2	17
Hühnchenbrust ohne Haut, 100 g	102	1	9
Putenfilet und -schnitzel, 100 g	105	1	9
Wurst und Aufschnitt			
Corned beef, deutsch, Konserve, 100 g	126	3	21
Zamek Putensülze, 100 g	102	3	26
Lachsschinken ohne Fettrand, 100 g	107	2	17
Herta Westfälischer Saftschinken, 100 g	110	3	25
Käse			
Appenzeller (15% F. i. Tr.), 30 g	90	2	20
Camembert (10% F. i. Tr.), 30 g	35	1	26
Kräuterquark (10% F. i. Tr.), 100 g	90	2	20
Zaziki, 100 g	69	1	13
Schmelzkäse (10% F. i. Tr.), 1 Ecke, 31,25 g	50	1	18
Eier			
Ei, Gewichtsklasse M, 60 g	93	7	68
Eiweiß von 1 Ei, 35 g	17	0	0

Lebensmittel, Menge (essbarer Anteil)	Energie in kcal	Fett in g	Fett-kalorien in %
Fisch und Krustentiere			
Barsch, 100 g	81	1	11
Forelle, 100 g	103	3	26
Forelle, geräuchert, 100 g	120	4	30
Garnele (Krabbenfleisch), 100 g	87	1	10
Kabeljau (Dorsch), 100 g	77	1	17
Scholle, 100 g	86	2	21
Seeteufel, 100 g	66	1	14
Seezunge, 100 g	82	1	11
Steinbutt, 100 g	82	2	22
Thunfisch, 100 g	125	2	14
Thunfisch naturell (Dose), 150 g	167	1	5
Tintenfisch, 100 g	73	1	12
Zander, 100 g	83	1	11
Obst und Gemüse haben wenig oder gar kein Fett. Ausnahmen: Avocados und Oliven			
Sauerkonserven (100 g oder 1 Portion)			
Kühne Feine Gürkchen, 100 g	43	0,2	4
Kühne Kräuterwürzige Zwiebeln, 100 g	30	0,3	9
Kühne Rote Bete Kugeln, 100 g	62	0,2	3
Kühne Delikatess-Gurken, „Spreewälder Art“, 100 g	23	0,2	8
Kühne Petitos Cornichons „würzig-süß“, 100 g	42	0,2	4
Kühne Cocktail Cornichons, 100 g	27	0,3	10
Kühne Senfgurken, 100 g	35	0,1	3
Kühne Silberzwiebeln, 100 g	34	0,3	8
Kühne Mixed Pickles, 100 g	30	0,3	9
Kühne Maiskölbchen, 100 g	41	0,5	11

Lebensmittel, Menge (essbarer Anteil)	Energie in kcal	Fett in g	Fett-kalorien in %
Fertigsaucen			
Al Gusto Kräuter, 200 g	120	2	15
granu Vita Piccata, 350 g	172	4	21
Miráculi Paprika-Tomate, 250 g	88	1	10
Uncle Ben's Chinesisch süß-sauer, 350 g	308	0	0
Uncle Ben's Indisch Curry, 350 g	228	5	20
Steinhaus Sauce Napoli, 200 g	104	3	26
Feinkostsaucen (1 Esslöffel oder 1 Teelöffel)			
Asia Sauce, 20 g	30	0	0
Chili Sauce, 20 g	30	2	60
Curry-Sauce, 20 g	40	3	68
Mango Chutney, 20 g	47	0	0
Mexikanische Grill-Sauce, Thomy, 20 g	20	0	0
Pace Taco Sauce, mild, 20 g	6	0	0
Pace Taco Sauce, hot, 20 g	6	0	0
Puszta-Sauce, 20 g	15	0	0
Salsa, feurig scharf, 20 g	6	0	0
Senf, 1 geh. TL, 8 g	9	0,5	50
Sojasauce, 15 g	15	0	0
Tomatenketchup, 20 g	20	0	0
Tomatenmark, 15 g	11	0	0
Zigeuner Sauce, 20 g	16	0	0
TK-Snacks (1 Stück oder 1 Portion)			
Frühlingsrolle, 150 g	174	4	21
Chop Suey, 350 g	342	11	29
China süß-sauer, 350 g	352	10	26
Bistro Baguettes Hawaii, 125 g	285	9	28

Lebensmittel, Menge (essbarer Anteil)	Energie in kcal	Fett in g	Fett-kalorien in %
Beilagen aus Fertiggerichten (1 Portion)			
Erbsenpüree, 200 g	95	1	9
Kartoffelpüree mit Milch, 200 g	110	2	16
Kartoffelbrei, 200 g	154	3	18
Rohe Kartoffelklöße, 90 g	96	1	9
Semmelknödel, 90 g	119	1	8
Süßigkeiten			
After Eight, 1 Stück, 8 g	45	1	20
Bonbon, 1 Stück, 5 g	20	0	0
Geleefrüchte, 50 g	170	0	0
Haribo Lakritz Konfekt, 100 g	354	3	8
Haribo Goldbären, 100 g	340	0	0
Haribo Konfekt, 50 g	180	3	15
Haribo Saure Pommes, 100 g	340	0	0
Kaugummi, 1 Streifen, 3,3 g	10	0	0
Schaumküsse, 1 Stück	37	3	26
Schaumküsse, mini, 1 Stück	37	1	24
Weingummi, 10 g	35	0	0
Knabbereien			
Poppcorn, süß, 100 g	383	2	5
Wolff Stickletti, 100 g	342	4	10
Wolff Stickletti + Brezli, 100 g	350	5	10
Wolff Maxi Brezli, 100 g	362	6	15
Wolff Große Goldbrezli, 100 g	362	6	15
Wolff PomPomeries, Original, 100 g	417	9	20
Wolff PomPomeries, Crème Fraîche, 100 g	417	9	20
Wolff PomPomeries Pepper, 100 g	417	9	20

Lebensmittel, Menge (essbarer Anteil)	Energie in kcal	Fett in g	Fett-kalorien in %
Alkoholfreie Getränke (1 Glas oder 1 Tasse)			
Bitterlemon/Limonaden, 200 ml	40–120	0	0
Fruchtsäfte, 200 ml	55–140	0	0
Gemüsesäfte, ohne Sojamilch, 200 ml	25–75	0	0
Kaffee/Tee ohne Milch und Zucker	0	0	0
Kaffee/Tee mit Milch (1,5% F.), 125 ml	10	0,25	23
Kakao mit Milch (1,5% F.), 200 ml	105	3	26
Mineral-/Trink-/Tafel-/Heil-/Quellwasser	0	0	0
Alkoholische Getränke (1 Glas)			
Apfelwein, 200 ml	132	0	0
Bier, alkoholfrei, 250 ml	42	0	0
Bier mit Limonade (Radler), 250 ml	85	0	0
Berliner Weiße mit Schuß, 250 ml	133	0	0
Pils, hell, 250 ml	105	0	0
Weizenbier, obergärig, 500 ml	215	0	0
Malzbier, 250 ml	138	0	0
Champagner, 100 ml	79	0	0
Eierlikör (20 Vol. %), 2 cl	57	1	16
Rotwein, 200 ml	132	0	0
Sekt, 100 ml	79	0	0
Weißwein, 125 ml	123	0	0

Rezeptverzeichnis

Register

Im FALKEN Verlag sind zahlreiche Titel zum Thema „LOW FAT 30“ erschienen.
Bitte fragen Sie überall dort, wo es Bücher gibt.

Sie finden uns im Internet: **www.falken.de**

Dieses Buch wurde auf chlorfrei gebleichtem und säurefreiem Papier gedruckt.

Der Text dieses Buches entspricht den Regeln der neuen deutschen Rechtschreibung.

Unter folgender Adresse erhalten Sie für 12,50 DM als V-Scheck eine Infobroschüre, die alle wichtigen Basisinformationen und jede Menge Produktinfos enthält:

LOW FETT e.V.
c/o Ritter Marketing Services
Sophienstr. 19
D-41065 Mönchengladbach
Telefax: 0 21 61/48 18 78
Internet: http://www.lowfett.de

ISBN 3 8068 2516 5

Umschlaggestaltung: Peter Udo Pinzer
Gestaltung: Horst Bachmann
Redaktion: Elly Lämmlen, Gisela Pohlkemper
Herstellung: Harald Kraft
Umschlagfoto: Klaus Arras, Köln
Fotos: Fotostudio R. Schmitz, München: S. 2, 14/15, 17, 23, 25, 27, 29, 31, 33, 35, 37, 39, 47, 53, 55, 57, 59, 61, 63, 65, 67, 69, 71; **FALKEN Archiv**: S. 4 unten, 41, 43, 45, 49, 50, 72, (M. Brauner); S. 4 oben, 5, 13, 20, 26, 44, 54, 58, 79 unten (W. Feiler); S. 70, 78 (U. Kopp); S. 9 (R. Schmitz); S. 1, 16, 19, 21, 24, 42, 52, 62, 79 oben (TLC); S. 18 (Wissing)

Satz: Alois Winter Werbung & Herstellung, Wiesbaden
Druck: Appl, Wemding

817 2635 4453 6271